大学心读

柳恩铭 著

暨南大学出版社
JINAN UNIVERSITY PRESS

中国·广州

图书在版编目（CIP）数据

大学心读 ／ 柳恩铭著. -- 广州 ： 暨南大学出版社，
2024. 9. --（四书五经心读）. -- ISBN 978-7-5668
-3965-7

Ⅰ．B222.15

中国国家版本馆 CIP 数据核字第 2024FX8272 号

大学心读
DAXUE XINDU
著　者：柳恩铭

....

出 版 人：阳　翼
统　　筹：张丽军
策划编辑：杜小陆
责任编辑：高　婷
责任校对：刘舜怡　黄子聪
责任印制：周一丹　郑玉婷

出版发行：暨南大学出版社（511434）
电　　话：总编室（8620）31105261
　　　　　营销部（8620）37331682　37331689
传　　真：（8620）31105289（办公室）　　37331684（营销部）
网　　址：http：//www.jnupress.com
排　　版：广州良弓广告有限公司
印　　刷：深圳市新联美术印刷有限公司
开　　本：787mm×960mm　1/16
印　　张：10
字　　数：160 千
版　　次：2024 年 9 月第 1 版
印　　次：2024 年 9 月第 1 次
定　　价：68.00 元

为往圣继绝学

1984 年 8 月，十七岁的我怀抱教育兴国的理想站上讲台，已四十个春秋。工作范畴涵盖学前教育、基础教育、高等教育、成人教育。学习和研究一直是生活方式、工作方法、生命状态，在实践中不断提出问题。基于实践提出的问题，书本上基本找不到满意的答案，我坚持独立思考，独立分析，独立研究，独立解决。四十年来，我从来没有做过任何带有行政级别的规划课题，公开发表在核心期刊的各种论文，也都是基于实践问题的研究成果。这是三十年来我的著作都成为畅销书的秘诀。

四十年来我一直在思考教育的本质问题。教育的本质是精神活动，而不是知识堆积。——德国教育哲学家雅斯贝尔斯如是说，我深以为然。精神活动是"本"，知识堆积是"末"。精神活动是"道"，知识堆积是"器"。

中国先哲子思先生在《中庸》开篇对教育本质有深刻洞见："天

命之谓性，率性之谓道，修道之谓教。"翻译成现代汉语："上天赋予人的叫本性，尊重本性叫作道，修养本性是教育。"言简意赅，豁然开朗。以子思先生的哲学思想给今天的教育做减法，教育只需要做好弘扬人性和张扬个性两件事。一是弘扬人性。人性是天赋人类的共性，是上天赋予人类群体的本心本性，比如慈悲、博爱等，人生而有之；不见了，没有了，是因为磨灭了，冲毁了，需要养护和弘扬。二是张扬个性。个性是天赋秉性。每个生命来到这个世界，一定有上天赋予的优势潜能，一定有独特的兴趣爱好，一定有自己的精彩，把钱学森培养成钱学森，把贝多芬培养成贝多芬，把梁思成培养成梁思成——这就是张扬个性、张扬天赋秉性的教育。教育除了弘扬人性和张扬个性，还有别的吗？没有了。教育就是这么简单。

教育的出路在哪里？我们一起回到鲁迅先生出生的 1881 年至民国元年（1912）这大约三十年的光阴，那时除了京师大学堂——北京大学前身，中国没有真正意义上的大学；除了杭州、苏州、成都、香港、澳门及西部偏远山区有少许教会学校，中国没有现代意义的中小学；其间三十多年有部分青少年，读着私塾，读着唐诗宋词，读着四书五经，头脑中装上这些经典而后有幸东渡日本或远赴欧美求学，在这些学子灵魂深处实现了东西方文化的碰撞和融合，形成了无与伦比的爆发力，催生了享誉世界的民国知识分子群体。在这个群体中，有中国近代以来伟大的革命家、思想家孙中山等，有杰出的新文化运动的领袖陈独秀、李大钊、胡适等，有杰出的思想家、文学家鲁迅等，有杰出的教育家蔡元培、张伯苓、梅贻琦、陶行知等，有杰出的国学大家陈寅恪、梁启超、王国维、赵元任等，有杰出的考古学家李济、董作宾、郭沫若等，有杰出的史学大家钱穆、张荫麟、蒋廷黻等，有杰出的美学家朱光潜、宗白华等，有杰出的哲学家马一浮、汤用彤、梁漱溟、张东荪、贺林、方东美……这种东西方文化在同时代、同一个生命体形成碰撞和融合，产生浩如烟海的哲学、史学、文学、科学、巨匠、巨人，很多学科的研究成果，至今仍然是当代学界绕不过去的坐标和难以逾越的丰碑。

由此可知，当代中国教育的出路就在东西方文化的融合，就在学贯中西。我们就有必要回望民国大师、巨匠们的教育背景和教育路径。作践和菲薄自己的优秀文化，轻视和排斥西方现代文明，哪一种做法更加愚蠢？我不知道。但是我知道，中华民族的伟大复兴需要优秀传统文化与现代西方文明的深度融合！

四十年来我一直在思考精神家园重建问题。所谓文化，就是以文化人，就是今天的大教育理念。二十多年前的 2003 年元旦，我开始系统研究儒家文化，目的在于寻找滋养生命的文化精神。其间，博士论文《思想政治教育的文化传承与创新研究》是儒学文化与马克思主义相结合的成果。我采纳了导师郑永廷先生的洞见：儒学文化是思想政治教育的范畴。这篇论文，后来在岭南社科基金项目评选中获得最高票，由广东人民出版社出版并成为畅销书。该著提出和解决了关于儒家文化的疑问：第一，儒家文化依然承载着中华民族的人文精神吗？是的。儒家文化是人本伦理哲学，其核心忠、孝、仁、义、礼、智、信、和等核心价值，当代中国人应该也必须坚守。以"孝悌"为例，如果在家不能敬爱赡养父母，不能善待兄弟姐妹，在外可以善待天下人的父母吗？可以善待天下人吗？可以带出有凝聚力的团队吗？显然不能。第二，儒家文化与现代文明能兼容吗？能。民国那些学贯中西的学者就是儒家文化与现代文明深度碰撞和融合的产品，在中华民族最艰难的时候，他们回到祖国的怀抱，与祖国同生共死、浴火重生！第三，儒家文化有利于国家走向现代化吗？有利。曾经的亚洲四小龙：中国台湾、香港及韩国、新加坡的文化底色都是儒家文化，没有制约他们走向现代化，倒是成了他们高速发展的催化剂和动力源。

我的博士论文虽然成了畅销书，但是纯学术的话语体系不可能在社会上产生广泛影响，需要换成文化话语风格，重新阐述我对儒家文化的研究和思考。重注四书——《大学》《中庸》《论语》《孟子》成了我人生的必然选择。我研究儒学，绕不开朱熹先生的《四书章句集注》。

原始儒家的本真与朱熹理学的本质区别何在？

第一，原儒是人本哲学，宋儒是理本哲学。原儒悲天悯人，以人为本，在"五张羊皮换一个奴隶，五个奴隶换一匹马"的价值体系中，孔子面对马厩失火，只关心不值钱的奴隶——马夫，而不关心很值钱的马。获悉有人以陶俑陪葬，孔子斥责道："始作俑者，其无后乎？"对人权的尊重和对生命的敬畏何其真诚而浓烈！宋儒开山鼻祖程颐先生说："饿死事小，失节事大。"生存都是问题，哪里还有人权？朱熹先生强调："存天理，灭人欲。"人欲不仅仅是淫欲，也不仅仅是物欲，还有生存欲望、安全欲望、归宿与爱的欲望、被尊重的欲望、自我价值实现的欲望，甚至还有终身认知欲望和审美欲望。人欲灭了，人类还有发展动力吗？人类还能进步吗？民族还能复兴吗？

第二，原儒的忠诚有条件，宋儒的愚忠无条件。"君君臣臣，父父子子"的解释本应为："君像君，臣像臣，父像父，子像子。"宋儒沿袭了汉儒的衣钵，演绎"君叫臣死臣不得不死，父叫子亡子不得不亡"的荒唐。孔子说："君使臣以礼，臣事君以忠。"臣下"恪尽职守"的前提是"君使臣以礼"。孟子的说法更是石破天惊："君之视臣如手足，则臣视君如腹心；君之视臣如犬马，则臣视君如国人；君之视臣如土芥，则臣视君如寇雠。"岳飞屈死风波亭，屈在读错书了，如果读懂了先秦儒家经典，尤其是读懂了孟子"如欲平治天下，当今之世，舍我其谁"，可以理直气壮直捣黄龙，或可做出更有利于人民、民族、国家的选择！

第三，原儒坚持民本政治，宋儒延续神本政治。孔子说："民可，使由之；不可，使知之！"翻译成现代汉语："老百姓过得很好，就顺其自然；如果过得不好或者做得不好，就应该以教化让他们增长智慧！"孟子说："民为贵，社稷次之，君为轻。"可谓惊世骇俗。荀子强调："水则载舟，水则覆舟。"已算是民本精神自觉。先秦儒家认为，人民是国家的主人，君王是人民委托的代理人。先秦儒家的民本思想发展到今天应该是民主，至少是"全心全意为人民服务"的宗旨和"为人民谋福祉"的初心。

第四，原儒主张师生平等，宋儒延续师道尊严。原始儒家没有这个礼数。几乎所有的人都读过《公西华侍坐》这一章，孔子与学生亦师亦友亦兄弟亦知己，孔子之于学生像慈父，像朋友，像兄长，像知己。师生平等，教学民主，思想自由，全然没有汉代"设帷讲学"的冷冰冰。

第五，原儒主张自由恋爱，宋儒主张父母之命。证据在《诗经》。

《诗经》主体是国风，国风主题以爱情为主。《诗经》中的爱情充满田园牧歌色彩：相爱在城墙边——"俟我于城隅"；相爱在桑间濮上——"参差荇菜，左右采之"；相爱在小巷——"俟我乎巷兮"；相思在远方——"所谓伊人，在水一方"。初民淳朴、热烈、奔放、唯美的爱情依然为当代读者所陶醉！朱熹先生将如此唯美的爱情都解读为"咏后妃之德"之类，按朱熹先生的解读，《诗经》回不到当代，青少年必不会接受。

第六，原儒主张学术自由，宋儒主张唯我独尊。"道不同，不相为谋"一直被误读误解。孔子原意："主张不同，不谋求对方与自己同一。"根据何在？其一，《论语》多次列举道家、墨家、农家、杂家批判孔子，却不见孔子和其追随者反驳。这是学术包容。其二，《论语》可以互证："攻乎异端，斯害也已。"翻译成现代汉语："攻击其余学派，害处很大。"其三，孔子主张"君子和而不同"，"和"是儒家最重要的核心价值之一，"和"就是对不同文化的包容，对不同人的尊重等。其四，孔子曾经问道于道家学派创始人李耳，也曾经向各个领域的大师虚心求教。汉儒让圣上来裁断儒学公案，唯皇上独尊，开了以政治手段解决学术争端的恶例；宋儒延续维护皇权、男权、夫权，明清之后封建统治者则把理学作为统治工具，以维护其日益枯萎而无生机的封建统治。

第七，原儒主张经世致用，宋儒主张空谈心性。"钱财如粪土，仁义值千金"是以朱熹先生为代表的儒学思想，"无事袖手谈心性，临危一死报君王"就是宋儒一脉的做派。真正的读书人，从来都是以天下为己任。曾子对儒家知识分子的期待是："可以托六尺之孤，可以寄百里之命，临大节而不可夺也。君子人与？君子人也。"翻译成现代汉语："可以托付幼小的君主，可以托付整个国家，在大节上宁死不屈。这样的人是君子吗？当然是君子。"比如韩愈为苍生而获罪，被贬潮州，积极教化，形成潮州文化，影响至今犹在。书生范仲淹镇守西边，换来边境二十年和平。王阳明手无缚鸡之力，胸中却有百万兵甲，以数万地方杂牌部队，剿灭宁王朱宸濠十万叛军！这才是儒者风度！

第八，原儒为人民说话，宋儒为皇上代言。原始儒家，没有一家是为统治者说话的，孔孟荀都是站在维护人民利益的立场阐述自己的政治主张；但是汉儒却站在皇权和神权的立场上，驯化万民，宋儒延续而成为既得利益集团的代言人。孔子开平民教育先河，把教育从宫廷转移到民间，目的就在于给平民搭建成长舞台和上升通道，这是当时对既得利益者特权的最有力的挑战。当代中国人少有人意识到孔子是"读书改变命运"的首创者和实践者。孔子儒学是"为己之学"，是天子以至于庶人都能用以修身养性的伦理哲学。孔子终其一生，没有后世误读误解的那样"忠诚"于某一个君王，相反政见不合则选择挂冠而去，在父母之邦的鲁国无论是做乘田吏，还是做司寇，甚至代摄相事，都只不过是"恪尽职守"而已；绝没有为某一君王愚忠而牺牲的冲动。

宋儒与原儒主张相对、相反之处也远远不止这些。先秦儒家思想属于伦理哲学，具有坚实的社会实践积淀和厚实的理论基础，是一种独立于当时政治体制的哲学体系、价值体系、思想体系，是儒家思想的源头和正宗，与现代文明高度契合，是中华民族最宝贵的精神矿藏！原儒思想是中华文明的主动脉！传承和发展其精神是中国人的天赋使命！

我自不量力，历时二十余年，撰写完了"四书心读"。《论语心读》于2014年由中华书局推出首版，发行数十万册，是读者的认可与鼓励。近几年心无旁骛，撰写《大学心读》《中庸心读》《孟子心读》，是对教育人生的交代，是对中国教育的交代！

撰写《大学心读》的初心有莫名际遇的诱因。2013年8月16日傍晚，我应邀驱车赴江西讲学，路途遥远而十分疲惫，不得已在江西赣州不知名的山中旅舍住了一晚，却做了一梦：一位青衣老者自称"守仁"，给我讲《大学》，但是老者的《大学》文本居然与我正在研究的朱本《大学》有很大的不同；朱本《大学》早已烂熟于胸，所以对梦境中见的《大学》版本十分敏感。老者重点讲了"明明德""亲民"和"格物致知"等关键内容，他的口音有江浙话的韵味，有客家话的影子，有贵州话的口音，与湖北话相通，所以我都听懂了。老者托付，希望能够按照他传授的《大学》版本把《大学》精神传承传播出去。梦醒时分，一身冷汗。明月皎洁，清风拂面，分不清是梦中还是实景，分不清身在何处。那时那刻，毫无睡意，点一支烟把老者的教诲从头到尾想了几遍，也从头到尾讲了几遍——学会了讲给自己听，我居然在赣州不知名的山间旅舍把少年时候掌握的学习方法再用一次，时至今日老者讲给我听的《大学》梗概依然清晰。后来读清代刘沅先生的《大学古本质言》和南怀瑾先生的《原本大学微言》，才知道梦中老者讲述的是戴圣《礼记》第42章的古本《大学》。

对于这一梦，到底是日有所思夜有所梦，还是别的因缘和合，我也不知道；也许用量子力学可以做出科学解释。老者矍铄的目光、清朗的语调、谆谆的教诲、殷殷的重托，历历在目，言犹在耳。十年一觉赣州梦，我哪能忘记呢？2023 年 7 月 17 日，再次驱车经过赣州，本想再寻故地，更想再入梦中，却迷失了方位，就此作罢，直接驱车去了南昌；但是，老者的托付更加清晰而压得我似乎喘不过气来。于是只好孜孜不倦，反复打磨以原本《大学》为底本的《大学心读》！

毋庸讳言，原本《大学》与朱熹先生的《大学集注》有较多不同之处：一是不同于朱熹先生对《大学》的经传二分法。原本《大学》是有机整体，从旨趣、逻辑、风格来看，是典型的齐鲁文化，是典型的先秦文风；而以"经传"二分法解读经典，是汉代以后经学的做派。二是不同于朱熹先生认为"颇多错简"调整原本《大学》顺序的做法。如果"颇多错简"起码要有一两个"错简"作为证据，但程颐先生没有提供，朱熹先生也没有提供。二十年当中，我读程颐和朱熹先生的全部著作，没有发现调整原本《大学》顺序的证据。三是不同于朱熹先生对原本《大学》的结构处理。朱熹先生的文本处理类似于当代有些所谓专家给文学作品做思维导读图，表达的是自己的理解而不是《大学》的本义。四是不同于朱本《大学》对原始儒家文化精神的理解，恢复了先秦儒家人本伦理哲学、民本政治哲学、生本教育哲学的本质。五是不同于对"格物致知"的解读。程朱理学的解读是：研究万物之理而寻求真理。这种解读，导致民国时期把自然科学都称为"格致之学"。显然，在先秦时期，儒家思想的"格物致知"属于伦理哲学，不可能有研究万物之理的需求，也不可能由此获得伦理学上的"真理"。孔孟儒学的人本取向，决定了这句话只能是司马光和王阳明的解读：格除物欲，回归良知或恢复良知。这里"物"属于外物，属于过多的物质因素；这里的"良知"是生命情感智慧，包括情感、态度、价值观、人生观、世界观等。——其余诸多与朱熹先生解读的不同之处，恳请方家指正！

撰写《中庸心读》是因为与朱熹先生及其一脉相承的后学对"中庸"哲学思想有不同的理解。程颐先生和朱熹先生都认为："中庸者，不偏不倚、无过不及，而平常之理，乃天命所当然，精微之极致也。"从这段话可以判断，朱熹对"中庸"的理解出现两个问题：一是认为中庸就是不偏不倚、无过不及、平常之理。其实，"中庸"之"中"包含"中和"两个字的含义。"中"就是适中、适合、适度、适宜，面对某种结构或局面，选择适中的、适合的、适度的、适宜的思路、策略、方法等，就是"中"；"和"就是尊重差异、尊重不同、包容多元的和谐状态；"中和"就是人面对某种结构而选择兼顾多元的最佳策略或状态。"中和"成为日用而不知的常态，就是中庸之道。二是朱熹先生认为"中庸"是"天命所当然"，把"中庸"归为天赋、人的本性。中庸不是人的天赋，不是人的本心本性，而是后天哲学智慧，是人经过后天的实践积累而发现的"天道"——比如太阳系九大行星的分布，地球万物和谐共生，都是"中庸之道"，但需要人去认知、体悟、坚持。诚如孔子所说，中庸之道是"君子之道"，是人们自我修养达到君子境界的过程中体悟、认知、认同的"道"，基于先天本心性，源于实践积累，最终形成充满实践理性的哲学智慧。时至今日，能够跳出朱熹解读而另辟蹊径理解中庸之道的人很少很少！——古今中外解读《中庸》还存在一个共同问题，泛化了《中庸》文本中的"道"——其实《中庸》中的"道"都作"中庸之道"解。也正因泛化,导致理解困难,又如何能够将中庸之道融入身心呢?

　　撰写《孟子心读》是为了深度认知和弘扬孟子的民本政治哲学。孔孟儒家精神滋养中华民族数千年,创造了曾经领先世界两千年的文明,自然有其存在的合理性。《孟子》一书由孟子亲自著录,随行万章等弟子只是学术助手,也许负责执笔,也许负责刻字,也许负责查阅资料等;这使得《孟子》保持了他本人的思想和艺术精华。《孟子心读》的主要创新点:一是传扬民本思想。孟子思想最为前瞻、最为深邃、最为震撼的是民本思想,"民为贵,社稷次之,君为轻"的思想与民主制度之间,仅缺一部宪法,孟子对人民主体精神的自觉,是"全心全意为人民服务"宗旨的源泉,是"以人民为中心"理念的依据;孟子民本思想仿佛是为中华民族负重前行设置的第一盏航标灯。二是弘扬心学思想。孟子提出的"四心说"就是后世真正新儒学——阳明心学的根源,孟子提出的心性论为阳明心学的创建奠定了基石。恻隐之心,仁之端也;——无恻隐之心非人也!羞恶之心,义之端也;——无羞恶之心非人也!辞让之心,礼之端也;——无辞让之心非人也!是非之心,智之端也;——无是非之心非人也!其实,孟子思想中心学已经初成。孟子是如何解释"知行合一"的呢?典型的就是"今人乍见孺子将入于井,皆有怵惕恻隐之心"的案例:小孩将掉到井里,任何一个人看到了,无须提醒,不假思索,都会立即施以援手,这是什么?这是人心中慈悲天性在关键时候表现出的无须提醒的自觉,起心动念即是行,是良知与良能的知行合一。那么敢问为什么很多人这种慈悲之心没了？那是因为心被异化，被放纵，被蒙蔽。所以，孟子认为："学问之道无他，求其放心而已矣。"道德修养之道就是把被放弃、被放纵、被放浪的那颗心，收回到心中的正位，守护本心本性，弘扬本心本性，就是学问的正确方法。三是张扬美学风度。少年时代，我深受父亲的影响，背诵孟子的篇章比较多，系统研究《孟子》已二十余年，文笔文风深受孟子影响，挣脱了现代学术八股的束缚。宏大的视域、磅礴的气势、严密的逻辑、生动的叙事、明快的语言等，都源于孟子的美学浸润。

　　四十年来我一直在思考原始儒学的社会价值。严复先生是中国近代思想启蒙先驱，康有为、梁启超、李大钊、陈独秀、毛泽东、鲁迅、傅斯年等改良派、革命派和新文化运动的领袖们，其少年时期都有严复先生的译著伴随。而严复先生临终前反复念叨：四书五经极富矿藏，需要用西方科学研究方法，予以发掘，可以启迪后人。这句话深深撞击我的灵魂，如何深度发掘呢？"心读"就是我的选择，以心读模式，让四书智慧广泛流布。

　　《大学》《中庸》《论语》《孟子》的作者生活的时代，恰好在雅斯贝尔斯称为人类文明的轴心时代。这个时代，人类文明的精神导师扎堆出现。每当人类各个文化圈中的人们面对不能自拔的困境时，都会不由自主地回望和借用这个时期先哲的智慧解决当下的问题。欧洲的文艺复兴如此，唐代的古文运动如此，如今传承创新优秀传统文化又何尝不是如此？

　　当代中国需要《大学》中的智慧吗？毋庸置疑。大学之道就是达成君子之道的纲领：明明德，亲民，止于至善。——大道至简，在曾子看来，平治天下只需要做两件事情：一件是"明明德"。明明德，就是让天赋良知自觉并得以弘扬。如果人人心中有慈悲，如果人人都能恪尽职守，人人都能孝悌忠信，这个世界不是很美好吗？高明的政治家用力最多的事情就是把教育做到最好，让天赋人性、天赋良知弘扬到每个生命，每个公民对于公平正义都有无须提醒的自觉，繁荣富强就是必然。

另一件是"亲民"。就是走进人民，在社会结构中实现人格独立，成为自由思想的主人，成为自由意志的主体。亲民，在与人交往中实现人生的价值。从人本伦理哲学的视角审视"亲民"，那就是任何自然人必须首先亲近家人，学会与家人相处；其次亲近族人，学会与族人相处；再次亲近乡人，学会与乡人相处；复次亲近世人，学会与各种各样的人相处。从政治伦理的视角审视"亲民"，那就需要上位者走向基层，走向百姓，走群众路线。高手在民间，不是客套话，更不是玩笑话。为什么？商汤起用草根伊尹，奠定了商初良好的开局。姬昌起用渭水边钓鱼的姜尚，以边陲之地，挑战商纣王的天下，最终获得成功。齐桓公起用犯人管仲，开创国营经济与民营经济双轨制先河，让齐桓公九合诸侯成为霸主。刘邦谋臣能用张良，后勤能用萧何，军事能用韩信，最终在垓下战胜项羽，奠定大汉基业。这都是"亲民"的典型。

有人或许会说，能不能列举现当代的例子？民国时期蔡元培，贵为中国第一校的校长，却礼贤下士，先后拜访清朝遗老辜鸿铭、文坛旗帜陈独秀，邀请周树人加盟北京大学，这些人相对于政治地位比教育部部长还高的北京大学校长，当然都是民，但是亲民让北京大学成为民国大学的旗帜。梅贻琦贵为清华大学校长，邀请没有学历的陈寅恪加盟清华，邀请清末遗臣王国维加盟清华，邀请留美才俊赵元任加盟清华，邀请思想启蒙者梁启超加盟清华，这四位导师相对于位高权重的梅贻琦，自然都是民。因为亲民，因为教授治校的理念——梅贻琦做校长期间实行的是教授委员会集体决策的民主管理模式，梅贻琦因此开创了清华历史上最辉煌的年代。

如果制度设计和社会运作，能够做好"明明德"和"亲民"两件事情，"止于至善"是必然，平治天下也是必然。特别"亲民"不是自以为是的"新民"，不是教训百姓，不是教导百姓，而是走近百姓，走近人民，尊重人民，尊重生命，尊重人格，让每个生命人格独立，让每个生命本性自觉，让每个生命自由思想，让每个生命独立思想，让每个生命绽放精彩。

当代中国需要《中庸》的智慧吗？毋庸置疑。个人成长需要中庸之道。民国元年前后负笈留学的学者，涵养中华经典文化拥抱西方文明，催生了中华民国数十年中灿若星河的大师、巨匠、巨人、名流，重现了中华民族思想解放最精彩的华章！——这是教育发展的中庸之道，也是个人成长的中庸之道。家庭和睦需要中庸之道。一家之中父慈子孝，契合中庸之道；夫妻之爱止于诚，契合中庸之道；兄弟情义止于悌，契合中庸之道。社会和谐需要中庸之道。城乡之间的发展恪守中庸之道，优化二元结构，城里人幸福，乡里人快乐；如此当然和谐！为富而仁义，善待故旧，善待贫民；贫而有尊严，不坠青云之志；如此当然和谐！上位者心忧天下，眷恋苍生；下位者体谅国家，顾全大局；如此当然和谐！企业成长需要中庸之道。企业如果不在产品质量与数量之间选择中庸之道，就缺乏生命力！如果不在价格和价值之间选择中庸之道，就缺少竞争力！如果不在员工福利和投资者利益之间选择中庸之道，就缺少活力！如果不在守成和创新中选择中庸之道，就缺少可持续发展力！民族复兴需要中庸之道。民族复兴于内而言，政治方向充分体现人民的期盼，经济政策充分兼顾各阶层的利益，公共服务充分彰显公平正义等；人民富裕，地方富有，国家富强；人格独立，思想自由，文化多元，教育发达，人才充足。如此才契合中庸之道，这是民族复兴的内因。在对外关系上，尊重人类共同的价值，国际交流自主，人民往来自由，文化交流自然等。如此契合中庸之道，这是民族复兴的外因。没有国内国际的"中和"，就没有国家民族的复兴。

当代中国需要《论语》的智慧吗？毋庸置疑。某学者在某大学演讲公开宣称：《论语》对于中国文化大餐来说，只不过是一条干鱼，没有佳肴的时候，拿出来做配菜尚可以，但不能成为国人精神食粮的主食。我深不以为然。一位名满天下的学者说："儒家文化是农耕文明的产物，是到了抛弃的时候了。"我不以为然。难道2500年前中华民族先民需要忠、孝、仁、义、礼、智、信、和、惠、慈、爱，今天中国人就不需要了吗？当然需要，而且必须坚守坚持。

《论语》所承载的人文精神是中国伦理哲学的源头，是中华文明的底色，是中国价值体系的钢结构，是中国文化的基点和奇点——具有无与伦比的爆发力、辐射力、穿透力。它所承载的伦理情怀和价值体系，被践踏和放弃，意味着疯狂和灭亡！大秦帝国奋六世余烈，统一天下，秦嬴政自称"始皇帝"，以为从此家天下可以传之万世，却仅仅因为放弃了儒家"仁"的智慧，放弃了以人为本，放弃了以民为本，结果成了人类历史上最短命的王朝之一。这样的教训，在人类历史上举不胜举！

我以实证的态度和学养的厚度证明《论语》承载以人为本的哲学、以民为本的理念、自强不息的精神、积极入世的传统、厚德载物的担当、天下为公的理想、尚中贵和的思维、博爱泛众的胸怀、勤劳俭朴的性格、家庭中心的伦理、家国一体的追求、天人合一的境界，是养护国人心灵的宝贵精神资源！——这些精神难道不能滋养当代中国人的生命吗？《论语》承载的以生为本的思想、有教无类的情怀、因材施教的方法、全面发展的课程、尊重个性的取向、慎独正己的修身、反求诸己的态度、积善成德的路径、君子人格的激励等，是中国当代教育应该和必须传承的最宝贵的教育智慧！——这些智慧难道不能解决今天的教育困境吗？

当代中国需要《孟子》的智慧吗？毋庸置疑。《孟子心读》的撰写，源于责任自觉。尤其是近几年我从教育系统调整到基层任职，确信《孟子》思想之于中国当代教育和社会治理，实为救时补弊的良药却没被发现发掘。举《孟子·梁惠王下》的典型例子证明。孟子对齐宣王说："造大房子，就必让工程师寻找大木料。工程师得到大木料，大王很高兴，认为这棵大木料可胜任大房子的需要。那工程师从小就学习，长大了就进一步付诸实践，大王说：'姑且放弃你所学的专业听我的命令。'那怎么样呢？现在有璞玉在此，不惜万镒重金必然责成玉匠雕琢它，而对于治理国家却说：'姑且放弃你所说的，听我的命令。'这与教导玉匠如何雕琢璞玉有什么区别呢？"——读这一节，犹如冷水浇背，也如当头棒喝！

民国期间清华大学校长梅贻琦先生懂孟子的管理智慧。《孟子·梁惠王下》中，孟子对齐宣王说："所谓故国者，非谓有乔木之谓也，有世臣之谓也。"梅贻琦读懂了这句话，对于国家来说，文化底蕴厚重并不意味着有数百年的老树古树，而是意味着有累世深受国人敬重的忠臣重臣。梅贻琦先生由此演绎出："所谓大学者，非谓有大楼之谓也，有大师之谓也。"梅贻琦深谙此道，充分尊重人才，自己甘愿当一个沉默寡言的主持人，把治校的权力让渡给"教授委员会"，积极推行教授治校模式，创造了清华的灿烂与辉煌，创造了西南联大的高等教育奇迹。现在各行各业的很多管理者都反孟子之道而行之，反梅贻琦之道而行之。地方政府搞经济，不向企业家请教，而向上级要指示，或者自以为是，好为人师，层层如此，经济能够做得好才怪。如果当代为政者、为教者、为经济者，能够读一读《孟子》，从中汲取智慧，可以少闹很多笑话，可以少走很多弯路。

二十多年前，在我用与埃德加·戴尔学习金字塔理论相契合的心学原理，把应试教育做到巅峰的时候，开始认真寻找教育的本真。众里寻他千百度，蓦然回首，我选择以儒家文化精神滋养师生生命。最初接触儒学，读的是方东美、李泽厚、钱穆等先生的著作，充斥书店的汉代经学著作和宋明理学著作不是我的首选——后来反复研读朱熹先生的《四书章句集注》，目的在于对"四书"进行重新解读。原儒思想的本质是什么？是人本伦理哲学、民本政治哲学、生本教育哲学。数十年，我坚持用人本思想待人，用民本思想管理，用生本思想做教育，用"中庸"智慧处事，用"明明德"和"亲民"智慧经营人生，知行合一，只争朝夕！

顾炎武先生说："天下兴亡，匹夫有责。"天下是天下人的天下，天下还是文化天下；文化亡了，天下也就亡了。所以，为往圣继绝学就成了每个读书人的责任。"往圣绝学"是什么？滋养中国人生命的主脉是儒家文化，是充满人本、民本、生本情怀的原始儒家文化精神。撰写"四书心读"是我文化责任自觉所致！

子思先生说："君子不出家，而成教于国！"我四十年如一日追求教育兴国的理想。曾经在公办学校从教师做到校长，曾经在民办学校从教师做到校长，曾经在广州市第一个教育强区东山区做过教育局办公室主任，曾经在广州市教育局做过处长和办公室主任，曾经在天河区做过教育局局长，如今虽然名义上暂离教育岗位而从社会治理，但是一直坚持在高校担任特聘教授、兼职教授、研究生导师，坚持积极从事各级各类师资教育，从来没有放弃教育理想，从来没有放松对教育的深度思考。大道至简，教育的关键是弘扬人性和张扬个性。我知道教育有弊端，当然有责任解决。如何解决？重新发掘和弘扬原始儒家智慧以解困局。撰写"四书心读"是我教育责任自觉所致！

孔子说："吾十有五而志于学，三十而立，四十而不惑，五十而知天命，六十而耳顺，七十而从心所欲，不逾矩。"人类历史上最伟大的教育家孔子，活出了生命的精彩。随着年龄的增长，知识储备越来越丰富，学养越来越深厚，思想越来越前瞻，智慧越来越超卓，这种终身学习的人生态度，给我树立了榜样。四十年手不释卷，四十年治学不辍，四十年知行合一，把人生挫折转化为学术财富，把人生历练转化为学术思想。我来自农村，熟悉农民和农村；近几年在地方工作，又熟悉市民和城市。这种对中国社会结构的全域认知，恰恰是高校专职学者做伦理哲学、政治哲学、教育哲学研究所匮乏的，却是我的独有优势。此外，我没有高校学者的教学任务和课题研究任务的羁绊，认准目标可以把整座山打穿，甚至可以把整座山搬完。撰写"四书心读"是我生命自觉所致！

基于文化自觉、教育自觉、生命自觉，我才能用二十多年时间撰写"四书心读"。毋庸讳言，"四书心读"旨在全面恢复原始儒学的本真，在于倡导生本教育哲学，在于倡导人本伦理哲学，在于倡导民本政治哲学，在于重建中华民族的精神家园，以先秦儒家文化精神滋养国人的生命！

做到没有，请读者品鉴！做好没有，请方家指正！

柳恩铭撰于广州弘仁书屋

2024 年 2 月 14 日

无奈而必然的挑战

自从朱熹先生《四书章句集注》刊行之后，原本《大学》，或称古本《大学》逐步淡出了学界，讲原本《大学》的人更少了。据传朱熹先生之前，北宋司马光曾经按照原本《大学》讲学；朱熹先生之后，据传心学集大成者王阳明也是依照原本《大学》给弟子们讲学，遗憾的是司马光和王阳明都没有留下讲稿或者著作。几年前我阅读了南怀瑾先生著作《原本大学微言》——宋儒以后唯一围绕原本《大学》作阐述的书。这本书让我再次见到了原本《大学》全貌——十年前我曾经在梦中见过原本《大学》。南怀瑾先生这本书没有系统解决被朱熹先生颠倒的《大学》结构性问题，没有注解，没有解读，没有结合文本做能够让读者读懂的阐释，没有回归到原儒的人本伦理哲学和民本政治哲学的根本，只是以佛学的思想，衍生畅谈各个时期的历史人物和历史事件的因果关系。南怀瑾先生《原本大学微言》的这些缺陷，激发了我重注《大学》的责任感和使命感！

2012 年 12 月，拙著《论语心读》书稿交给中华书局后，我即迫不及待地转入对《大学》的研究，读朱熹先生《四书章句集注》中的《大学章句》（以下简称"朱本《大学》"），我自然也跟着走偏了，尽管在研究朱本《大学》的时候，我觉得朱熹先生及其前人程颐的诸多说法很勉强，尤其是朱熹先生对原本《大学》的调整和误读，十分牵强，十分别扭。

本书是我 2013 年至今的研究成果，我选择按照原本《大学》来解读，除了受刘沅先生《大学古本质言》、南怀瑾先生《原本大学微言》的启发，受朱熹先生《大学章句》的触动之外，还源于一个偶然的梦境。我著本书也有我的责任自觉。我必须让儒学回到先秦，回到原儒，回到孔孟，回到人本，回到民本——汉武帝独尊儒术以来，孔孟儒学早已被异化而面目全非。我毅然选择重注四书，图正本清源，明知可能被指责为不知天高地厚，却依然义无反顾。有人或许会说，儒学不是创造了大汉雄风吗？答案当然不是那么简单。大汉雄风不是汉武帝的威风，而是源自汉文帝、汉景帝的休养生息，积累了雄厚的物质基础和丰厚的文化底蕴；而"文景之治"恰恰不是独尊儒术，而是原始儒家精神与黄老之术并行不悖，有前面汉文帝、汉景帝与人为善、与民为善、休养生息的"文治"，才有后面汉武帝出兵闽越、北击匈奴、讨伐朝鲜的"武功"。

盛唐气象是成于汉代儒学吗？也不是。盛唐首先是儒释道三派哲学并行的结晶，其次在韩愈等原儒传承者的倡导下，盛唐儒释道并行的是原始儒家精神，是人本的儒学、民本的儒学、包容的儒学，而不是从宋代开始的理学——我坚持认为理学不是儒学。李唐王朝标榜李耳为自家的始祖，道教在李唐王朝一直有重要的地位；从唐太宗派遣玄奘法师西天取经可知，李唐王朝一直重视佛教的陶冶功能；然而，知识分子精英阶层却在自觉昌明原始儒学，自觉以原儒的精神浇铸读书人的灵魂。换一句话说，盛唐文学灿烂、经济繁荣、军事强悍的背后，是儒释道多元文化融合的充分释放。

我坚持认为宋代所谓"新儒学"是理学，而不是儒学。如果鲁迅先生少儿时代能够读到原始儒学的人本伦理哲学、民本政治哲学，读到孟子"民为贵，社稷次之，君为轻"的思想，绝对不会在《从百草园到三味书屋》中鞭挞儒学，鲁迅此文鞭挞的儒学就是朱熹先生的理学。朱熹先生自认为发展了儒学，后世学者还认为朱熹先生是新儒学的集大成者，鲁迅等新文化运动健将要打倒的恰恰是朱熹先生的儒学，不是孔孟儒学。

"四书心读"丛书本是我的人生规划，按照常理必须先重注《大学》。朱熹先生认为《大学》为四书之首，其次是《中庸》，最后是《论语》《孟子》。我却反其道而行之，决定先重注《论语》，当倡导人本精神、民本政治、生本教育的《论语心读》成为畅销书之后，我知道冥冥之中我逆朱熹先生的意图而重注四书的思路是对的。正因为先撰写《论语心读》，我因此找到了中华文明的底色，找到了中国价值体系的钢结构，找到了推动中华民族生生不息的精神动力源泉！先秦儒家文明是中华文明的渊源，人本伦理哲学、民本政治哲学、生本教育哲学才是中华民族生生不息的主动脉。

因为要寻找滋养生命的文化精神，要寻找养护灵魂的精神家园，要寻找让人活得更加真实、更加包容、更加开放、更加自我、更加张扬、更加绚丽的原儒人本情怀，故需正本清源，更正朱本《大学》中的内容误读、结构错乱。2014 年《论语心读》是对朱熹先生《论语集注》的挑战；十年之后，《大学心读》也是对朱本《大学》的挑战！

柳恩铭撰于广州弘仁书屋

2024 年 8 月 5 日

前 言

　　遗憾于朱熹先生《四书章句集注》流行以后，原本《大学》不再刊行。书商出于利益的考量，把西汉戴圣《礼记》第42章中的《大学》也换成了经过朱熹先生重新编排的朱本《大学》，现在大家所能见到的《大学》及各种解读版本，基本都是按照朱本《大学》的顺序解读。我经过十年的研究，认为恢复《大学》的本来面目十分必要，恢复原本《大学》的精神更加重要。故此，我粗陈原本《大学》与朱本《大学》的主要区别。

　　（1）朱熹先生对《大学》的经传二分法缺乏证据支撑。朱熹先生师承程颐先生，将《大学》重新编排分为十一章，并认定第一章从"大学之道"至"此谓知本，此谓知之至也"是《大学》的经文部分，是孔子的原话；后面属于传文部分，是曾子对"经文"的解释，由曾子学生的笔记整理而成。为此，朱熹先生还加了提示："右经一章，盖孔子之言，而曾子述之。其传十章，则曾子之意，而门人记之也。旧本颇有错简，今因程子所定，而更考经文，别为序次如左。"这十年当中，我读程颐的全部著作，没有发现调整原本《大学》顺序的证据记载；读朱熹先生的全部著作，没有发现调整原本《大学》的证据记载；读程颐和朱熹先生的传记，也没有找到他们阐述的经传二分法的证据。原本《大学》是一个整体，从文章的旨趣、逻辑、风格，没有哪一个方面能看出有经传之分，更看不出第二章开始是"曾子之意，而门人记之"的产品，全文都是齐鲁文化，全文都是先秦文风，甚至可以推测全文都是春秋战国之交时期的作品，文不够诗来凑，广泛引用《诗经》《尚书》来证明自己的观点，这种文风在战国中后期已经不再盛行。

（2）朱熹先生以"颇有错简"为由，调整原本《大学》的顺序。但若要使人信服"颇有错简"，起码要有一两个"错简"的证据，朱熹先生没有提供，其引述的程颐之言，也没有提供；如果有错简，应该是从某句话中断开居多，而不是从后人可以句读出来的某一段结束和下一段话开启处断开。从这些简单的常识可以判断，朱熹先生的"错简"之说缺乏证据。

（3）原本《大学》共十二章，本书将其分为三个部分，二十节。第一部分为第一章至第三章。其中第一章讲大学三纲领："明明德""亲民""止于至善"。虽然是三纲领，但是后面重点阐述的是"明明德"和"亲民"，"止于至善"是"明明德"＋"亲民"的结果。第二章阐述"明明德"的六步，就是儒家止、定、静、安、虑、得的"内圣"的修养。第三章阐述"亲民"是儒家格物、致知、诚意、正心、修身、齐家、治国、平天下的"外王"八步。一定会有朋友问，既然三纲领是"明明德""亲民""止于至善"，为什么第一部分第二章、第三章讲"内圣明德""外王亲民"两纲，没有讲"止于至善"。原因是"内圣明德"＋"外王亲民"就是"止于至善"的生命情感智慧和境界。"内圣"功夫经过止、定、静、安、虑、得而"近道"了,"外王"功夫经过格物、致知、诚意、正心、修身、齐家、治国、平天下而"平治"了,这不就是"止于至善"吗?还有比这更高、更好的"善"吗?

第二部分为第四章至第七章。详述"明明德"的方式方法。第四章讲"诚其意"是"明明德"的前提,第五章讲"自修"也就是自我磨炼是"明明德"的基本功,第六章讲"自明"是"明明德"的关键所在,第七章讲"自新"是"明明德"的态度或机制。

第三部分为第八章至第十二章。详述"亲民"的要素。第八章讲"知本"(人本和民本)是"亲民"的前提,第九章讲"正心"是"亲民"的关键,第十章讲"齐家"是"亲民"的基础,第十一章讲"治国"四策:成教于国、孝悌慈爱、家国一体、齐家为要,第十二章讲"平治"六要:絜矩之道、与民同乐、德本财末、仁以为宝、忠信担当、以义为利。

原本《大学》属于典型的总起和分述结构,没有错简,没有逸文,主题非常鲜明,逻辑非常严密,行文非常严谨,何须重新拆解?何须颠倒顺序?何须增加阙文?

(4)"格物致知"四个字,程朱理学的解读是:研究万物之理而寻求真理。这种解读,显然在先秦时期,儒家思想"格物致知"属于人本伦理哲学的范畴,不可能有研究万物之理的需要,人们也不可能由此获得伦理学上的"真理"。孔孟儒学的人本取向,决定了这句话只能用司马光和王阳明的解读:格除物欲,回归良知。这里的"物欲"是过分的"物质欲望",这里的"良知"是基于人本身的生命情感智慧，包括情感、态度、价值观、人生观、世界观等。

朱熹先生认为"亲民"应作"新民"，这是站在维护既得利益者的立场上，认为上位者天生聪明，需要教导和改造下民。但孔孟儒家的立意却是通过教育而使人民实现道德自觉、人格自觉、良知自觉，是"自化"和"内圣"，而不是通过外部力量使之"自新"。《大学》的"亲民"是上位者要走近人民，走进人民，与家人、族人、国人、天下人共同成长，以文化人而民自化，最终实现"明明德于天下"的目标。朱熹先生的"新民"背后是以帝为师，以君为师，以吏为师，这种思想是封建专制文化的基石，而真正的历史却不是这样的。高手在民间，人民才是历史的创造者，人民才是天下的主人，民心才是天心天意，人君只是一定历史时期人民自由意志的选择而已，顺应民心的时候可以被选择，丧失民心的时候必然被抛弃。

原本《大学》与朱本《大学》的其他区别，请各位读者阅读本书自行体会。最好把本书与朱本《大学》对照起来读，是非在人心！

柳恩铭撰于广州弘仁书屋

2024 年 8 月 5 日

大学心读

目录

第一章 大学三纲

原本《大学》第一章阐述大学三纲，朱熹先生调整为第一章的第一节。本章综述大学三纲，是全文总起，每纲应独立成章。三纲的"大学之道"是主语，接下来是三个并列谓语："在明明德，在亲民，在止于至善。"其中"明明德，亲民"是因，"止于至善"是果。"明明德"是"内圣"，结果是"近道"，是人格修养达"至善"；"亲民"是"外王"，是走近人、实现人的价值，是通过"明明德于天下"而平治天下的"至善"。曾子认为个人"明明德"（六步）＋"亲民"（八步），就是"止于至善"（平治天下）。

大学之道①，在明明德②，在亲民③，在止于至善④。

【注】

①大学：成为大人的学问，即成为君子的学问。朱熹先生认为"大学"与小学、蒙学相对而言，这是误解。成为大人的学问，无关年龄；成就君子品德，无关年龄。就像禅宗"见性成佛"，有佛性即是佛，成为君子的学问即是"大学"。道：真谛，一种能够融于心、融入生命的高尚情感、积极态度、健康价值观、学术修养、知识涵养、道德素养的总和。②明明：第一个"明"为弘扬、彰显；第二个"明"为光明。德：德性。③亲民：走近人，亲近人，在与人的交流中实现人的价值，包括要实现自己和关联之人的价值。④至善：最善，人生最高的道德境界。

【译】

成为君子的道，在于弘扬光明德性，在于亲近人，在于达到至善。

【读】

大学之道就是成人之道、君子之道，达成君子之道的纲领是：明明德，亲民，止于至善。

明明德，就是让天赋良知自觉并得以弘扬。仁是最重要的天赋良知，仁是仁心，仁是慈爱，仁是悲悯。悲悯之心，往往被世俗和物欲冲洗掉。教育需要守护或恢复天赋良知。孔子说："人而不仁……不知其可也。"看似平淡，却是真理。人如果丧失了仁心，丧失了慈爱，丧失了悲悯，就不是人了。亲民，即在与人交往中实现人生的价值。海德格尔认为，人来到人世，属于天命置送，有不可控的偶然性，你因何种机缘而来到这个世界，并没有什么必然性；但来了以后可以积极筹划未来的生存，这种筹划往往是在与人的交流之中逐步自觉和成熟的。人，正是在与他人共同存在的结构中，实现了自身的价值。仁者爱人，自然会走近人，自然会尊重人。亲民而民胞物与，亲民而给宇宙以道德的终极关怀。这就是儒家的伦理情怀。朱熹先生认定，"亲民"应作"新民"，我认为不妥。儒家提倡人格自觉、精神觉悟、灵魂觉醒，而不是靠谁去"新民"。止于至善，就是达到尽善尽美的境界。尽善尽美是一种似乎永远不可能达成的境界，但可以成为人生无怨无悔的信仰和信念。人不仅要守护本心本性，不仅要走进人群，还需要在生存中积极筹划，攀登人生最高的境界。孔子说："朝闻道，夕死可矣。"当中的"道"就是止于至善的境界，是一种先天智慧、理性智慧、智性智慧、感性智慧实现深度融合的生命情感境界。

儒学的本质是自觉之学，是修身之学，是正心之学，是成就独立人格、养成独立思想的学问，属于人本伦理哲学，强调的是让天下人内心走向道德自觉从而平治天下。汉代以后，历代学人为了维护既得利益，站在既得利益者的立场上，想到的当然是治人治事治世，结果演绎出治与被治、奴役与被奴役、统治与被统治的关系。儒学的本来面目是仁学，是人学，是修养身心之学，是道德自觉之学，是人格觉醒和人格独立之学。

从人本伦理哲学的视角，审视"亲民"，那就是任何自然人必须首先亲近家人，学会与家人相处；其次亲近族人，学会与族人相处；再次亲近乡人，学会与乡人相处；最后亲近世人，学会与现实世界中各种各样的人相处。

从民本政治哲学的视角，审视"亲民"，那就需要上位者走向基层，走向百姓。高手在民间，民心民智才是最宝贵的资源。这不是客套话，更不是玩笑话。为什么？商汤起用在建筑工地的草根伊尹，相信他的智慧，运用他的策略，结果奠定了商初良好的开局。姬昌起用渭水边钓鱼的姜尚（曾经的工作包括杀猪、卖草鞋、卖面粉等），文治武功皆有成就，以边陲之地，挑战商纣王的天下，最终获得成功。齐桓公起用监狱中坐牢的管仲，开创国营经济与民营经济双轨制经济模式先河，富国强兵，让齐桓公九合诸侯，成为一代霸主。刘邦本为泗水亭长，所谓"斩蛇起义"只是传说，但是他在谋略上能用张良，后勤上能用萧何，军事上能用韩信，在垓下战胜项羽，奠定大汉基业。这都是"亲民"的典型，对于帝王来说，傅说是民，姜尚是民，管仲是民，张良是民，萧何是民，韩信是民。因为亲民，所以这些帝王成就了千秋伟业。

　　有人或许会说，能不能列举现当代的例子？民国时期蔡元培，贵为中国第一校的校长，却礼贤下士，拜访清朝遗老辜鸿铭，诚邀文坛旗帜陈独秀，力邀周树人和年轻人胡适加盟北京大学，这些人相对于政治地位比教育部部长还高的北京大学校长来说，当然都是"民"，但是"亲民"让北京大学成为民国大学的旗帜。梅贻琦贵为清华大学校长，邀请没有学历的陈寅恪加盟清华，邀请清末遗臣王国维加盟清华，邀请留美青年才俊赵元任加盟清华，邀请思想启蒙者梁启超加盟清华，这四位导师相对于位高权重的梅贻琦来说，自然都是"民"。因为"亲民"，因为教授治校的理念——梅贻琦当任校长期间实行的是"教授会"，即集体决策的民主管理模式，梅贻琦开创了清华历史上最辉煌的年代。这种亲民的作风，也成就了中国高等教育的奇迹——西南联大。

　　"863"计划的诞生，源于中国20世纪80年代一批杰出的科学家对中国科技严重落后于世界的局面深感忧虑，他们自发给中央献策，提出了加紧前沿科学技术跟踪研究和不失时机弯道超车的方案，正是这个方案，确保了中国在世界科技格局中拥有一席之地。如果这个方案不是由科学家制订而是由政府部门制订，或许无法产生如此好的效果。这些当时尚未完全摆脱"臭老九"身份的科学家，相对于主管部门来说，当然都是民。自改革开放以来，中国赢得了四十年的高速发展，主要是因为"亲民"而发掘的人口红利，巨大的人力资源才是中国过去高速发展的公开秘密，尽管很多人都不承认，却是事实。

综上所述，"亲民"不是自以为是的"新民"，不是教训百姓，不是教导百姓，不是官本位，而是走近人民，尊重人民，尊重生命，敬畏生命，珍惜人才，发挥亿万人民的智慧。如此，才有可能创造社会经济文化发展的奇迹。

本章中朱熹先生的误导集中在几点：其一，朱熹先生说："大学者，大人之学也。"朱熹先生把"大学"解释成与"小学"相对的学问，局限性太大，成为大人，成为君子，无关年龄，能够"明明德、亲民、止于至善"即是君子。其二，朱熹先生说："明德者，人之所得乎天，而虚灵不昧……"朱熹先生承认明德是从上天那里得来的，但是描述为"虚灵不昧"就有些不伦不类，"虚灵不昧"是佛教用语，描述的是心理状态，而不是稳定的道德品质。明德就是上天赋予的光明德性，如仁爱、慈悲等德性都是上天赋予人的本性，小草被践踏而心生怜悯、花儿被摧折而心生怜悯等都属于上天赋予人的德性，是本性而不是一种心理状态。其三，朱熹先生宣称程颐说："亲当作新。"这个解释的背后是对皇权的崇拜，背离了孔孟儒学人本伦理哲学和民本政治哲学。其四，朱熹先生说："止者，必至于是而不迁于意。"朱熹先生认为，"止"是某一个固定不变的目标。而通读《大学》全文，"止"是人生至真至善至美的境界，但是这个境界并没有固定不变的意思，而是一个动态的过程；无论是德性的目标，还是人生的目标，都不是一个静止的终点。就像孔子十五岁立志求道，三十岁人格独立，四十岁不再迷惑，五十岁知道天命，六十岁听什么都包容，七十岁做什么都不违背礼义，终生求道而无止境。儒家提倡的人生境界应该是不断向真、向善、向美、向光明的过程，就如海德格尔说的，存在是真理呈现的动态过程。其五，朱熹先生说："至善，则事理当然之极也……盖必其有以尽夫天理之极，而无一毫人欲之私也。"首先，至善绝非所谓天理之极，只是人生一种永无止境的生命情感和伦理道德境界。其次，"至善……无一毫人欲之私"，这显然有悖常伦，世间绝对不存在一个没有丝毫人欲之人，周敦颐做不到，程颢、程颐做不到，邵雍做不到，朱熹先生也做不到。人欲需要有效管理，就像孟子劝解齐王一样，喜欢资产不是毛病，君王必须让天下人都有固定资产。没有丝毫人欲的人，要么是濒死之人没有能力，要么是死人没有想法。既然连欲望都没有了，那就已经没有生存的价值了。

第二章 明德六步

原本《大学》第二章被朱熹先生列为第一章的第二节。这一章当列为第二章，是因为这一章集中阐述了"明明德"的修养六步法，也就是后世儒学研究者所定义的"内圣"六步法。

知止而后有定①，定而后能静②，静而后能安③，安而后能虑④，虑而后能得⑤。物有本末⑥，事有终始⑦，知所先后⑧，则近道矣。

【注】

①止：即"止于至善"的"止"，也就是人生的最高境界。定：坚定的理想信念。②静：内心宁静。③安：安之泰然，不生妄念。④虑：同"滤"，抽丝剥茧般思考。⑤得：达到理想状态。⑥本：根本。末：次要。⑦终始：结局和开端。⑧先后：秩序。

【译】

知道目标，内心坚定；内心坚定，才能宁静；内心宁静，才能不生妄念；不生妄念，才能思虑绵密；思虑绵密，才能达到理想状态。任何事物都有根本有枝节，每件事都有结局和开端。知道先后，就接近道了。

【读】

这一章针对上一章的"大学之道"提出了六步法，六步法以一个"知"作为红线贯穿其中，知的宾语是止、定、静、安、虑、得。

如何才能达道呢？必须知道人生的"止"，也就是知道人从何处来、向何处去，人生的价值是什么，人生的正道是什么，等等。知道这些，内心才会形成信仰和理念，因而拥有生命的定力；拥有了生命的定力，内心才能真正宁静，内心宁静才能筹划未来和远方；也因为内心宁静，才能安之泰然、安之若素、心无妄念，才能给生活做减法，才能给工作做减法，才能在复杂纷繁的世界里，找到人生的重心、工作的重点、学问的关键等；最终内心安静，心无妄念，才能在伦理的世界里正确认识自己和他人。经历止、定、静、安、虑、得六步，才能达到人生最高境界，也就是道的境界。

今天，太多的人过于焦躁，焦躁到不愿意等一个红灯，焦躁的本质是不知道人生之"止"。心无所止，必然心无所依。心无所归依，难免忧郁，难免茫然。"非宁静无以致远"，既然内心不能宁静，又如何对人生和未来进行前瞻性筹划呢？又如何去探寻科学技术的前沿呢？就科学技术而言，灵光乍现的发明创造早已完成。新的发明创造在学科的边缘，在学科的接合部，在学科的融合处，需要人类付出比历史上任何时期更多的心智努力。如果内心不宁静，不可能有深远而绵密的思虑，不可能有新的发明创造。"安"是一种安之若素的生活状态，是一种燕处超然的生命状态，每个人来到世界都会有自己独特的使命和追求，如果不能自觉控制好物质欲望，不能自觉控制好金钱欲望，不能自觉控制好伦理欲望，如何能够集中精力做好自己要做的事情呢？"虑"就是在大千世界中做出选择，在滚滚红尘中做出选择，在自己的喜好中做出选择，在自己的事业中做出选择，即便是学术研究也必须做出选择。人想一辈子做成很多事情，那是不现实的。乔布斯做成了 Apple 及衍生产品，比尔·盖茨做成了微软操作系统及其衍生产品，马斯克做成了星链及其衍生产品。事业中可以做的事情很多，如果不能做出选择和取舍，很难取得惊天动地的成绩。样样精通，必然样样稀松。因为"虑"而有选择，因为选择才能有所"得"，才能突破重重障碍，才能出新出彩，才能活出生命的质量和精彩。

"止、定、静、安、虑、得"是求道六步，又何尝不是人生成功的六步呢？身心修养和做人做事是同步进行的。修养，在生活中，在事业中，在学习中，在生命中，是"明明德"的过程，是"止于至善"的过程，是追求君子之道的过程。曾子在这一节特别强调，物有本末、事有终始，要知道求道顺序：三纲领中"明明德"是开始，"亲民"是过程，"止于至善"才是人生的目标。求道的过程虽然分为六步，但其实是用一个"知"贯穿人的一生，使其与人的生命融为一体，与人的灵魂融为一体，须臾不可分离，这才是"道"。

第三章 亲民八步

原本《大学》第三章被朱熹先生安排到朱本《大学》第一章作为其中一部分。第三章可以分为三层。第一层先讲"亲民"由终而始的八步；第二层讲由始而终的"亲民"八步。"亲民"就是"外王"。从"格物"开始，经过"致知、诚意、正心、修身、齐家、治国"的过程，最终达到"平天下"的"至善"境界——"平天下"就是天下人都自明其光明德性的必然结果。

古之欲明明德于天下者，先治其国①；欲治其国者，先齐②其家；欲齐其家者，先修其身；欲修其身者，先正③其心；欲正其心者，先诚④其意；欲诚其意者，先致其知⑤；致知在格物⑥。物格而后知至，知至而后意诚，意诚而后心正，心正而后身修，身修而后家齐，家齐而后国治，国治而后天下平。自天子以至于庶人，壹是皆以修身为本。其本乱而末⑦治者否矣。其所厚者薄⑧，而其所薄者厚，未之有也！此谓知本，此谓知之至也。

【注】

①国：指诸侯国。②齐：使……整齐，引申为和睦和谐。③正：端正，使端正。④诚：使……真诚。⑤致：达到，回归，找回。知：良知。⑥格：除。物：物欲。⑦本：根本，特指"修身"。末：末梢，特指"平天下"。⑧厚：尊重，推崇。薄：轻视，轻蔑。

【译】

自古想要天下人自明德性，必须先让国家和睦和谐；想要国家和睦和谐，必须先让家族和睦；想要家族和睦，必须先修好自身；想要修好自身，必须先端正内心；想要端正内心，必须先使意念真诚；想要使意念真诚，必须回归良知；想要回归良知，必须先清除物欲。除掉内心过分的物欲而后回归良知，良知回归后意念真诚，意念真诚后内心纯正，内心纯正后修身成功，修身成功后家族和睦，千万个家族和睦后诸侯国自然得到治理，天下诸侯国得到治理后天下自然太平。从天子到普通百姓，无一例外，都必须以修身为根本。人乱了德性，要想明明德于天下（平天下），那是不可能的。人们推崇的遭遇轻视，人们所轻视的得到推崇，这样的事情没有听说过！如此，可以算是懂得根本，懂得根本也就是回归和守护良知。

【读】

这一章可以分为三层。第一层按照由终而始的顺序，阐述"亲民"八步，也就是"外王"八步。为什么要先按照由终而始的顺序呢？因为曾子认为：亲民也好，外王也好，平天下也好，都不过是"明明德于天下"，天下人都自明德性了，难道天下会不太平吗？近代人类历史告诉我们，当天下人普遍"明明德"，就是天下平治的时候。天下人都心有慈悲，心有慈爱，心有慈惠，天下自然大治，天下人自然和必然幸福。这应该是儒家知识分子的最高追求。这个追求迂腐吗？不迂腐。如果天下人人都有慈悲之心，那么制定的政策、法律怎么会只保护既得利益者呢？出台的政策法令怎么会不保障弱者和贫者的权益呢？强者怎么可能欺凌弱者呢？富者怎么会凌辱贫者呢？如果悲天悯人，如果天人合一，如果民胞物与，如果爱民如子，如果人人平等，如果众生平等，这个世界怎能不美好呢？曾子提出的平治天下的八条措施，绝非虚妄，绝非迂腐。天下所有的事情都决定于人心。人心坏则天下坏，人心贪则天下贪，人心善则天下善，人心美则天下美！所以，曾子认为，平治天下的根本就在于让天下人修身正心而自

时至今日，平治天下的逻辑还是这样吗？当然是。格除心中膨胀的物质欲望，没有了贪欲，没有了过分的物质欲望，有利于实现人格自觉，实现道德自觉，人们才能珍惜兴趣所在，才能珍惜潜能所在，才能享受符合自己志向的事业、学术、艺术等。因为贪婪的政策、贪婪的法律、贪婪的规定，导致既得利益者贪得无厌，为富不仁，从来都不愿意停下贪婪的脚步；贫弱者政治无地位，经济无保障，生活无着落，很多时候想奋斗却没有希望、没有办法、没有出路，也没有效果。或许会有人说，这是制度造成的。但是，不好的制度难道不是人制定的吗？格除心中膨胀的物欲，人才能回归良知，才能仁爱，才能仁厚，才能慈悲，才能怜悯，才能富有同情心和同理心，因物欲横流而被冲洗掉的天赋良知才会重新回到人的内心。良知回归，放纵、放肆、放弃的心回到人的内心世界，实现了人之为人的本体自觉，于是意念真诚，内心纯正，人格成熟，处理家庭问题、家族问题、社会问题，就会简单得多、有效得多。

每个人心有慈悲，每个人心怀坦荡，每个人心有所依，每个人一心向善，社会经济文化的发展才能像蒲草和芦苇一样，有了阳光、水分而漫天无际！内心坚守自己的信仰，甘于平淡，过自己的日子，就不会以牺牲别人为前提去追求卓越！因为有民主意识，所以珍惜自己和他人的主体地位和权利！因为有自由意识，所以尊重自己和他人的自由！因为有公平意识，所以自觉维护社会的公平正义！

第三层从"自天子以至于庶人"到"此谓知之至也"，集中阐述了儒家伦理哲学的价值追求：上至国君下至百姓，无一例外都必须把修养自身作为达到君子之道的根本。舍此，还有别的办法吗？修身当然包括"格物、致知、诚意、正心"的全过程。国君个人德性没有修养好，显然不可能使天下人自明德性。无论是国君还是国民，德性自明的修身，才是最根本的。不修身而能平天下？显然不可能。一屋不扫，何以扫天下？道理是相通的。懂得这个道理，就懂得为什么把修身当作根本。懂得修身是根本，人人修身，人人正心，人人诚意，人人格除物欲，自然就回归良知，自然也能守护良知。这其实是平天下的根本所在。

回到现代，修身不仅要使传统伦理仁、义、礼、智、信、和等良知回归、复兴，还需要吸纳自由、民主、科学、法治、平等、公正等人文精神。以自由为例，人只有在身心自由的前提下，其潜能才能得到最大限度的发挥。1560 年，瑞士钟表匠布克在游览金字塔时得出了石破天惊的颠覆性结论："金字塔的建造者，绝不会是奴隶，而只能是一批欢快的自由人。"400 多年后的 2003 年，埃及最高文物委员会宣布：对吉萨附近 600 处墓葬的发掘考证表明，金字塔是由当地具有自由身份的农民和手工业者建造的，而非希罗多德在《历史》中所记载的由 30 万奴隶所建造。布克的结论源自 1536 年，自己因反对罗马教廷而锒铛入狱。在不自由和愤怒的环境下，无论面对多么强大的高压，布克就是制造不出日误差低于 1/10 秒的钟表。此前，布克在自己简陋的作坊里，却能制造日误差低于 1/100 秒的钟表。为何如此？布克也百思不得其解。直到他越狱成功，重获自由，在更简陋的作坊里又恢复了制造精密钟表的能力。布克由此断定，影响钟表制作水准的是心情而不是别的。同样的道理，金字塔建筑工艺精确到插不进一块刀片，奴隶是无论如何也做不出来的。因此，他大胆推测，金字塔的制造者是自由人而不是奴隶。布克是瑞士钟表的奠基人，他的制表理念一直传承至今：不与那些强制工人工作或克扣工人工资的外国企业联合。布克认为，在严密监管下，在压抑气氛下，人的智能和技艺不可能发挥到极致。唯有身心自由，才能创造奇迹。这个道理很容易懂，面对突如其来的巨大压力，人可能会一瞬间不知所措，如何能够创造奇迹？可是，没有多少人真正意识到自由、民主、公平、正义、法治、科学等价值观对团队、族群、国家凝聚力、创造力、爆发力的影响，这些人文精神要通过教育植入当代人的世界观、人生观、价值观当中去。

第一章至第三章是原本《大学》的第一部分。第一章开宗明义，阐明"大学之道"的关键在于"明明德"和"亲民"。"明明德"而达到"内明"和"内圣"，即达到个人修养的最高境界；"亲民"也就是从"格物、致知、诚意、正心"的修身开始的，经过"修身、齐家、治国、平天下"而达到"外王"，"内圣"＋"外王"就是"止于至善"。原本《大学》并没有像朱熹先生指出的那样，某一段文字是专门解释"止于至善"的。程颐和朱熹先生没有这样去解读或者没有读懂这个宗旨，进而推断《大学》有错简，故对原本《大学》进行结构调整。这部分哪里有什么问题？第一章总述讲大学三纲；第二、三章分别阐述"明德六步"和"亲民八步"，即"内圣"和"外王"的步骤，而"内圣明德"＋"外王亲民"就是"止于至善"的圣境。逻辑非常严密，旨意非常清晰！

此外，第二、三章都提到了"格物致知"或"致知格物"。"格物致知"的意思是"格除物欲，回归良知"，"致知格物"的意思是"回归良知，前提在格除物欲"。按照程朱理学的解读，"格物致知"的逻辑是研究万物的天理，然后才能找到真理。宋代的科技水平，根本不具备研究万物天理的实践基础，何况是先秦曾子的年代呢？

宋代司马光曾经提出"格物致知"是"格除物欲，恢复良知"的洞见，可惜，司马光的观点被淹没在宋明理学的浪潮之中。司马光对于"格物致知"的洞见只是在历史的夜空犹如流星一般划过，闪现了一道光芒，这道光芒有幸被明代心学集大成者王阳明窥见，王阳明通过自己的实证，证明了司马光"格除物欲，恢复良知"的洞见是正确的。即便到了今天，我们依然不能推翻"格除物欲，恢复良知"的洞见。因为儒学是伦理哲学，与科学技术是两个不同的体系，就算是研究万物之理，也无法找到人之为人的生命情感智慧。相反，我坚信，把"格物致知"解释为"格除过分的物欲，让人回归良知"的观点符合中国儒学传统精神，符合伦理学的精神，符合后世新儒学——心学的精神！

　　"格物致知"放在今天的语境中来理解，正确的解释依然只有一种：格除心中过分的物欲，让人回归天赋良知。人生的成败，关键在于欲望格除的程度。过分的金钱欲望，不仅毁灭了人性，也必然毁了人生！过分的权力欲望，不仅扭曲了人生，也必然毁了前程！过分的名誉欲望，不仅淹没了良知，也必然迷失了本心本性！过分的色欲，不仅冲垮了灵魂，也必然让身体崩溃！那么天赋良知又是什么？人生而慈爱，人生而善良，人生而平等，人生而自由，这些都是天赋良知，有多少人在意？有多少人珍惜？有多少人愿意为此付出一生？以慈爱、包容、善良等天赋良知浇铸我们的灵魂、精神、人格，我们看世界的角度就不一样；我们选择包容他人、包容世俗、包容世界，我们就可能重建"民胞物与"的"天人合一"情怀，我们就可以重建给宇宙以道德终极关怀的使命感和责任感！

第四章　诚意明德

原本《大学》第四章被朱熹先生调整为朱本《大学》第七章，命名为"释'诚意'"。按照原本《大学》的行文意图，这一章曾子阐述"明明德"的前提是"诚其意"，也就是内心真诚。如果连真诚都没有，如何能够"明明德"？

所谓意者真诚，毋自欺也。如恶^①恶臭，如好^②好色，此之谓自谦^③，故君子必慎其独^④也。小人闲居为不善，无所不至，见君子而后厌^⑤然，掩其不善，而著^⑥其善。人之视己，如见其肺肝然，则何益矣？此谓诚于中，形于外，故君子必慎其独也。曾子曰："十目所视，十手所指，其^⑦严乎！"富润^⑧屋，德润身，心广体胖^⑨，故君子必诚其意。

【注】

①恶（wù）：厌恶。②好（hào）：喜欢。③谦（qiè）：同"慊"，满足，满意。④独：单独相处。⑤厌：佯装。⑥著：彰显。⑦其：语气词，表示反问，难道。⑧润：滋润，使……华丽。⑨胖：舒坦。

【译】

所谓意念真诚，就是不自欺。就像讨厌恶臭，就像喜欢美女。这样就叫作自我满足。所以君子独处，也谨慎持重。小人闲居往往不能自持而做出格的事情，做人做事都没有底线，见到君子立即伪装，掩藏恶的一面，彰显善的一面。而旁人看见他，仿佛透视他的肝肺，他这样做又有什么益处呢？真实的内心，往往在外面以某种形式表现出来。所以，君子独处要矜持而谨慎。曾子曾经说："那么多眼看着你，那么多手指着你，难道还不够严厉吗？"财富可以让房屋华丽，道德却可以使身体优雅，内心宽容而坦荡，身体则舒适而坦然，所以君子必须意念真诚。

【读】

从第四章开始直到第七章结束，都是在讲如何"明明德"。第四章是原本《大学》一个关键，是讲"明明德"的前提。做一个真诚的人，做一个真实的人，是"明明德"的前提。没有这个前提，所有的道德修养都是虚伪的。"明明德"首先要做的是什么？是"诚其意"。如果缺乏真诚，哪里还有什么"明明德"呢？如果人不能真诚地生活，怎么可能让光明的德性自明？原本《大学》在逻辑上非常严谨！朱熹先生把这一章调到第十章在我看来是不妥的。

人最重要的品质是什么？就是真诚，就是按照本心本性去生活，活出生命的真实，活出生命的本真，活出生命的优雅，活出生命的精彩。本真的生活，才能活出诗情画意，才能活出生命的绚丽。一生唯唯诺诺，一生畏葸不前，一生瞻前顾后，这是人生吗？如果是，也是被扭曲的人生。面具文化是世俗文化的糟粕之一，很多人总是习惯于戴着面具生活，于是虚伪、世利、欺骗，自然就成为某时某世的主色调，这是非常不幸的。厌恶恶臭，却不敢直说，喜欢一个人，却不敢表达，这样的生活当然是不会令人愉悦和满意的。不能颠倒黑白是非，更不能指鹿为马、指猫为虎、指鼠为鸭。真诚不是无所顾忌，不是肆无忌惮，不是无法无天，真诚还需要"慎其独"，每个人即便独处的时候，也不能放弃对理性的尊重，也不能放弃对礼节的恪守，也不能放弃对真理的敬畏。

近代思想启蒙者严复先生曾经说："华风之弊，八字尽之：始于作伪，终于无耻。"如果芸芸众生，人人不能"诚其意"，人人虚伪作伪，当人的伦理丧尽的时候，社会伦理也必然走向无耻。崩溃只是时间问题。古今中外，有例外吗？

第五章　自修明德

原本《大学》第五章被朱熹先生调整到朱本《大学》第四章，命名为"释'止于至善'"。朱熹先生把好端端一篇布局精巧、逻辑严密的文章，调整得面目全非。很佩服朱熹先生的勇气，但不赞同他对于学术的理解。这一章很简单，阐述"明明德"的方式：求学和自修，即自我修养、自我修炼、自我提升。

《诗》云："瞻彼淇澳[1]，菉竹猗猗[2]。有斐[3]君子，如切如磋[4]，如琢如磨[5]。瑟兮僩[6]兮，赫兮喧[7]兮。有斐君子，终不可谖[8]兮！""如切如磋"者，道[9]学也；"如琢如磨"者，自修[10]也；"瑟兮僩兮"者，恂栗[11]也；"赫兮喧兮"者，威仪也；"有斐君子，终不可谖兮"者，道盛[12]德至善，民之不能忘也。《诗》云："于戏，前王不忘！"君子贤其贤而亲其亲，小人乐其乐而利其利，此以没世不忘也。

【注】

①瞻：看。淇：卫国的淇河。澳（yù）：河曲处，拐弯处。②菉：同"绿"。猗（yī）猗：婀娜柔嫩。③斐：才华横溢。④切：切割骨头。磋：锯锉象牙。⑤琢：抛光玉石。磨：打磨石头。⑥瑟：庄重。僩（xiàn）：宅心仁厚，心胸开阔。⑦赫：赫然威严之状。喧：同"煊"，光明磊落之状。⑧谖（xuān）：同"谖"，忘记。⑨道：言说。⑩修：修养。⑪恂（xún）栗：谨慎持重。⑫道：说。盛：大。

【译】

《诗经》说："看那淇河弯弯，绿竹青翠婀娜。才华横溢的君子，如切割骨头，如锯锉象牙，又如抛光玉器，也如打磨石头。庄重仁厚，威严磊落。如此才华横溢的君子，永远不会被忘记！""如骨头切割，如象牙锯锉"，这是言说要研究学问。"又如玉器抛光，也如石头打磨"，这是言说要自我修炼。"庄重啊仁厚啊"，是言说要谨慎持重。"威严啊磊落啊"，是言说要仪态威武。"如此才华横溢的君子，永远不会被忘记"，这是言说大德至善，人们想忘记都不可以。《诗经》说得好："呜呼，人们不会忘记仁德的前代帝王！"君子能够尊重贤者亲爱亲人，小人也能享受欢乐和利益，前代帝王因此而被世世代代记住。

【读】

第五章以《诗经》的诗句，非常形象地讲明了"明明德"的方式方法。虽然说仁心、仁爱、悲悯等德性，是上天赋予的；但是还有很多人格特征，却需要如同切割骨头、锯锉象牙那样去学习和实践，需要像抛光玉器、打磨石头那样去修炼。庄重、仁厚、威严、磊落，这些品质都离不开学习实践，都离不开自我修炼。这种打磨必须是自觉的，必须是勤奋的，必须是长期的，被曾子称为"自修"。

人的德性修养有两种模式。第一种是天赋德性，如仁爱、慈悲等，需要按照惠能模式修养："菩提本无树，明镜亦非台；本来无一物，何处惹尘埃。"这种天赋的人性，是生命自带的，是与生俱来的，需要人们坚守本心本性——贵在坚守坚持。第二种是需要修炼的德性，如果先天德性被尘垢蒙蔽，被世俗蒙蔽，那么需要用神秀模式修养："身是菩提树，心如明镜台；时时勤拂拭，莫使惹尘埃。"天赋人性，天赋本心，尚未被蒙蔽，尚未被放弃，尚未被放纵，就用惠能模式去坚守坚持；如果天赋本心被蒙蔽、被放弃、被放纵，就需要用神秀模式时时勤拂拭，去掉尘埃，维护本心本性。如果是族群后天价值观的沉淀，比如只争朝夕、自强不息、终身学习等价值观的沉淀并形成稳定的人格，更需要神秀模式，也就是曾子所说的"如切割骨头，如锯锉象牙，又如抛光玉器，也如打磨石头"般自觉修炼！缺乏这种自觉修炼，终难成大器！

曾子的可贵，还在于他发现了人格和生命的价值，如果道德高尚的人活着时受人尊重，死了也会被人记住。这个观点对后世影响深远，包括我本人，我自觉追求生命价值的永恒，就是受曾子这种人生观和价值观的影响。在最后曾子引用了《诗经·周颂·烈文》中的句子，表达了后世人对仁德之君的铭记，仁德之君的仁厚福泽恩及小人。这最后一句，也包含了这样的潜台词：即便贵为天子，也是以道德修养即修身作为第一要务。修仁心，施仁政，才能永垂不朽！

"如切割骨头，如锯锉象牙，又如抛光玉器，也如打磨石头"，这是自我修炼，这就是"明明德"！庄重仁厚，那是谨慎持重！威严磊落，那是仪态威武！德才兼备的君子，最终不可能被忘记。为何？因为他们实现了"明明德"。

第六章　自明明德

原本《大学》第六章被朱熹先生调整为朱本《大学》第二章，命名为"释'明明德'"。对这一章的理解，我与朱熹先生基本相同。"明明德"就是"自明明德"或者叫作"自明德性"，与第五章的"自修"方式"明明德"不同，有"打磨"的意味。"自明明德"的模式有三种：第一种是像康叔那样自觉持守光明德性——主动自觉；第二种是像伊尹的告诫那样坚守初心——被动坚持；第三种是像帝典那样把光明德性传播到天下——弘扬强化。

《康诰》^①曰："克明德^②。"《大甲》^③曰："顾諟天之明命^④。"《帝典》^⑤曰："克明峻^⑥德。"皆自明也。

【注】

①《康诰》：《尚书·周书》的章节，周公姬旦告诫康叔如何治理国家的公文。②克：能够。明：崇尚、提倡。明德：增进德行。③《大（tài）甲》：即《太甲》，《尚书·商书》中的篇名，太甲是商君。④顾：回顾。諟（shì）："是"的古体字。明命：指光明的德性。⑤《帝典》：《尚书·虞书》中的篇名。帝典，尧帝字少典，帝典即是尧帝。⑥明：自明并弘扬。峻：大。

【译】

《康诰》说："要能够崇尚德性。"《太甲》说："要时刻挂念上天赋予你的光明德性。"《帝典》说："要能够弘扬崇高德性。"以上说的都是要彰显自己的德性。

【读】

本章作者引用《尚书》中的名言，来证明"明德"是依靠自我道德觉醒、自我道德觉悟，而不是依靠外部力量。这是道德生长的基本规律，也是每个人的天命所在。这段文字的潜台词：即便贵为君王，也必须先修身，而修身的根基在于自明德性——人，最不应该丢掉的是上天赋予人的本心本性。

儒家哲学首先是"内明"之学。"内明"方式之一就是持守天赋的光明德性。《康诰》是周公姬旦告诫康叔的文书。康叔，姬姓卫氏，周文王姬昌与正妻太姒所生第九子，周武王姬发同母弟，因获封畿内之地康国（今河南禹州西北），故称康叔，也是卫国第一代国君。周成王即位后，康叔参与平定三监之乱，因为功劳改封在殷商故都朝歌（今河南淇县），建立卫国，成为卫国第一任国君。康叔赴任时，其兄周公作《康诰》等，作为康叔治国法则。并告诫康叔，务必明德宽刑，爱护百姓，向殷商故地贤豪长者询问殷商兴亡之道。康叔平治有方，卫国很快经济繁荣、社会稳定、百姓安居。所以，周公在《康诰》中说康叔"能够自明德性"。"以殷治殷"政策的监管者管叔、蔡叔、霍叔，同为武王之子，这三位却选择与纣王的儿子武庚站在同一条战线，反对周成王；而康叔因为自明德性，不仅不参与反叛，还为平叛立下汗马功劳。

"内明"方式之二如伊尹告诫太甲所说："时刻挂念上天赋予的光明德性。"太甲的"自明明德"方式就是牢记伊尹的告诫，坚守初心。伊尹还说："人皆有此明德，而心志放逸忽忘者多，唯有您的先祖成汤，能心上时时存着，恰是眼中时常看着一般，无一时之怠玩，所以成为商之圣君。"因为眷恋上天赋予的明德，时刻不忘，坚守本心本性，所以才能保持自己光明的德性。

"内明"方式之三就是像尧帝那样，把高尚的德性弘扬到天下。《帝典》说："能够自明和弘扬高尚德性。"这是儒家平治天下的王道所在，首先是尧帝在道德上实现了自觉，其次是将高尚道德弘扬到全天下，天下人都以尧帝为楷模而自明德性，天下也就平治了。弘扬明德，当然是保持本心本性的最好方法，犹如进攻是最好的防守，弘扬的过程就是自我强化的过程。

康叔、太甲、尧帝都自明德性。但三种方式稍有区别：第一种是像康叔一样道德自觉，守护本心本性，不做出反叛之事；第二种是像伊尹告诫太甲的，时刻警醒和挂念上天赋予人的本心本性，心存敬畏，全心全意服务百姓；第三种是像尧帝那样，把自己的光辉德性弘扬到天下，让天下人都拥有光辉德性，从而实现天下平治。

曾子洞见：天下能否平治决定于人的本心，决定于人的本性，决定于人是否自明德性。其实是再次强调了平治天下的根本是守护初心、恢复本性、弘扬明德。"明德"与"亲民"并没有绝对的界限，本质上是组成"至善"的内外两方面。

第七章　自新明德

朱熹先生把原本《大学》第七章调整为朱本《大学》第三章，命名为"释'新民'"。将原本中的"亲民"片面地改为"新民"是朱熹先生的问题之一。"新民"背离了孔孟儒学人本伦理哲学和民本政治哲学。对于个人来说，最重要的是终身学习而自觉修炼提升；对于组织来说，最重要的是要有一个反思和更新机制。这种人生态度，是"亲民"的必然结果。朱熹先生没有思考透，孔孟儒学都坚持认为人是自己进步的主体，而不是被动的学习者。朱熹先生因为这一章"作新民"而推断《大学》三纲领中的"亲民"应为"新民"，在一定程度上误导中国人，一直没有被澄清。"亲民"为走近人，在人与人的关系、人与物的关系、人与世俗的关系、人与宇宙的关系中实现人格完善，实现人生的永恒价值，也实现齐家、治国、平天下的"至善"，既然"人皆可以为尧舜"，那么"亲民"当然是每个人的责任和追求。

汤之《盘铭》①曰："苟日新②，日日新，又日新。"《康诰》曰："作新民③。"《诗》云："周虽旧邦④，其命惟新⑤。"是故君子无所不用其极⑥。

【注】

①汤：商汤，商代开国之君。盘：商代洗澡的盆状器具。铭：刻在盆状器具中警示洗澡人的文辞，后来演变成为一种精练庄重的文体。《盘铭》：《尚书·商书》中的篇名。②苟：诚。日：一日。新：有新的道德觉悟。③作：鼓励。新民：在道德上不断觉悟的人。④周：处于诸侯国时代的周国。旧邦：古老的邦国。⑤其：代词，指代周。命：天命，国运。惟：却。新：自我更新，不断进步。⑥是故：因此。极：至善的境界。

【译】

商汤的《盘铭》说："一天自新，天天自新，永远自新。"《康诰》说："鼓励做道德不断觉悟的新人。"《诗经·大雅·文王》说："周国虽是古老的诸侯国，但是上天赋予它的天命在于不断自我更新。"因此，君子每时每刻都在追求至善。

【读】

这一章讲"自新明德"之道。"止于至善"是动态追求，是动态完善，并没有静止的目标等待人生去到达。每个生命，都有生理需要、安全需要、爱与归属的需要、尊重的需要、自我实现的需要，这是人们熟知的马斯洛需要层次理论的五个基本需要，这五个需要或许都有被满足的时候，都有相对静止的"止境"。人为什么必须以自新的方式存在？那是因为人还有认知、审美和自我超越的需要，人生的目标没有静态的止境，只有无穷的期待和追求。正因为如此，孔子才提出和实践了"三十而立，四十而不惑，五十而知天命，六十而耳顺，七十而从心所欲，不逾矩"的终身学习理念，终身学习是人类发展的认知需要，又何尝不是人生的境界和德性完善的需要呢？如果人生还能满足审美需要，这样的人生当然无怨无悔，当然精彩绚丽！

《盘铭》说："一天自新，天天自新，永远自新。"商汤作为开国之君，刚刚走出原始部落，他依然不能忘记自己取得君王的地位，是因为"众望所归"。从尧舜禹的禅让制度轨迹看，作为一国之君，必须德高望重、能力强，必须事事时时处处做榜样。所以，商汤要在洗澡盆中刻上"一天自新，天天自新，永远自新"的铭文，以保持自己的德性永远走向至善。帝王如此，个人何尝不是如此呢？每个人自新，家族可以复兴，国家可以复兴，民族可以复兴！

《康诰》说："鼓励做道德不断觉悟的新人。"这是管理者"亲民"的追求，鼓励商的遗民每日自我更新，与时俱进，不要停留在旧时代的价值体系中，不要停在旧时代的思想意识之中。周代相比于商代，是人类文明的一种飞跃，这种飞跃就是人本精神的觉醒，摆脱了商代的人祭恶俗，摆脱了人对神的依赖，在人类历史上最早把"人"作为生命的拥有者，作为国家的支撑，作为足以托起江山的能够载舟也能够覆舟的水。周人甚至明白了，人是道德的主体。

《诗经·大雅·文王》强调，周虽然是古老的邦国，但是上天赋予了它自新的天命。为什么？因为周民源于周文王而实现了人文自觉，实现了道德自觉，实现了天命自觉。天命"常新"就在于人民的"自新"。"周虽旧邦，其命惟新"的根本，在于人民的进步。人民的生命状态决定了国家的生命状态，人民的价值坚守决定了国家的生命力，人民的能力决定了国家的竞争力，人民的创新意识决定了国家的创新力，人民的只争朝夕决定了国家的发展潜力！

个人如何能够"苟日新，日日新，又日新"？孔子给出的答案："见贤思齐焉，见不贤而内自省也。"见到比自己强的人想着如何向他学习，见到不好的人就反省自己是否有这样的毛病。能够每天看到自己的不足，就有可能每天有新的追求和进步。曾子给出的建议："吾日三省吾身，为人谋而不忠乎？与朋友交而不信乎？传不习乎？"我每天多次反省自己，受人之托是否忠人之事？与朋友交往是否真诚信实？讲授的学术自己实践过吗？

每天反省自己是发现不足的必要条件和必要步骤，只有如此才有可能发现自己的不足，才能改正不足，才能有新的进步。如果不是写日记反思，曾国藩不可能从官场浪子修炼成洋务重臣、中兴名臣、千古完人。

对于一个组织来说，没有反思和自我更新机制是非常危险的。中国的私营企业绝大部分做不大，更做不强，因为很多企业是家族式管理，是集权式管理，没有反思机制，没有学习机制，没有纠错机制，更没有自我更新机制。这样的企业如何与时俱进，如何做大做强？自我更新的组织，必然是学习型组织。所谓学习型组织，是指以共同的价值观为基础，以共同的愿景为方向，以系统思考为整合工具，以学习作为克服团队障碍、实现组织结构和功能自主优化与发展的组织。"学习"是克服组织障碍的手段和工具，如果不能"内视"组织自身的缺陷和不足，自然无法实现组织结构和功能的优化、更新、发展。在学习型组织中，组织系统内弥漫着健康的人文氛围，弥散着积极的文化追求，学习成为组织成员的生活方式、生存方式、发展方式，全体成员在学习中激发情感，在学习中点燃智慧，在学习中净化灵魂，在学习中成就人格，在学习中提升生命，在学习中发现自身的不足，在学习中形成团队凝聚力、竞争力和创新力，在学习中实现个人和组织的自我超越。这样的组织无论历史长短，都会永葆青春，永远不会衰竭，永远不会死亡。

正确的民族复兴之路应该是：人民人格独立，人民思想自由，人民表达自由，人民有价值判断、价值选择、价值实现的自由，人民有认知需要、审美需要、自我实现需要的追求。民富而国富，民强而国强，民自新而国运维新！这是人类史上不争的事实！也是学术史上不证自明的真理！

个人一天自新，天天自新，永远自新；组织一天自新，天天自新，永远自新；国家一天自新，天天自新，永远自新。多么令人神往啊！

　　第四章到第七章共计四章，是《大学》第二部分，分述"明明德"，也就是"内圣"之道。如何明明德？"内圣"之道有四个要素：第四章"诚其意"是前提，第五章"自修"是基本功，第六章"自明"是根本，第七章"惟新"是动力。

　　如何看待第四章"诚其意"这个前提呢？做一个诚实的人，真诚地面对现实的世界，真诚地面对周遭的人们，实事求是地去处理人与人、人与组织、人与自然的关系，这是保持上天赋予人的本心本性的前提。如果人迷失了自我，如果人找不到初心的自我，如果人意识不到本心的自我存在，就意味着人的异化，意味着人格扭曲。自己都不真实了，哪里还有"明德"，哪里有"明明德"的可能！若人们混淆是非，人们颠倒黑白，人们指鹿为马，人们画虎为猫，人们指鼠为鸭，什么都作伪，什么都造假，自我的本心本性都不见了，人生的底线和生命的价值都迷失了，如何能够活出生命的真实和优雅？所以，"诚其意"是"明明德"的前提，没有这个前提，一切都不可能。曾子的洞见何其深刻，何其振聋发聩！

　　如何看待第五章"自修"是基本功呢？"明德"需要自修吗？曾子引用《诗经》的经典诗句形象表达了君子"自修"："才华横溢的君子，如切割骨头，如锯锉象牙，又如抛光玉器，也如打磨石头。"人生是天命的置送，的确充满了各种偶然，但是也有主动的谋划和作为，大凡成大事者，没有不自觉磨砺自己的。这种磨砺有顺境的历练，有逆境的淬炼，有困境的磨炼，只争朝夕修炼自己，只争朝夕把握机会，才有可能成功成名！如果人缺少自我意识的觉醒，缺少只争朝夕的拼搏，最终一生只会碌碌无为。在"立德、立功、立言"中，"立德"就是自修，就是自立，就是自励，就是自强，如果"立德"都不能完成，又何谈"立功"和"立言"呢？

如何看待第六章"自明"这一根本呢?"明明德"的根本是"自明",自觉坚守本心本性,然后才能把上天赋予人的天赋推广到天下!这是自明德性和"明明德于天下"的根本所在。人生最重要的是什么?是对天赋的自觉和坚守。中国先秦四位代表性的哲学家,对人类的天赋做了了不起的探索。儒家杰出的代表人物孔子、孟子的共同发现:"仁"是人的天赋。杰出的道家代表人物老子则发现"自然"是人的天赋,道家另外一位代表人物庄子则发现"自由"是人的天赋。这种人类哲学史上的惊天发现,却因为汉宋两代对儒学的改造而殃及池鱼,儒道两家对人的天赋认知从此被学术的尘埃淹没了。往后的数百年,人们甚至不能认知和坚守作为本性的仁爱、慈爱、慈悲,连这一点本性都丧失了,这是何等悲催啊!仁爱和慈悲的力量很大吗?当然。林觉民本为福建富商之子,回福建省亲,目睹生民朝不保夕的苦痛和卑微,发愿改变他们的命运,在马克思主义尚未传入中国的年代,是仁爱和慈悲让林觉民发愿拯救底层人民并为此献出生命而无怨无悔!秋瑾本为富家小姐,后为官家太太,因为同情底层人民如蝼蚁般的极度悲苦,发愿改变他们的命运,于是东渡日本留学,在马克思主义尚未传到中国的年代,本着慈悲之心而努力推翻清廷,献出年轻的生命而无怨无悔!先秦之后的中国人,有多少人能够认识到"仁爱"是人类的天赋呢?有多少人能够认识到老子"自然"(生命的本然)是人类的天赋呢?有多少人能够认识到庄子"自由"是人类的天赋呢?时至今日,又有多少人能够认识到"仁爱""自然""自由"是人类的天赋呢?又有多少人自觉追求这些天赋呢?甚至人们早已忘了老子"自然"的生命态度和庄子"自由"的价值追求。

如何看待第七章"惟新"这一动力呢?商汤在洗澡盆中刻上"一天自新,天天自新,永远自新"的铭文,时时刻刻提醒自己每天都保持进步。这是何等高贵的个体生命自觉啊！——值得今天每个人思考和借鉴。如果今天的国人都能"一天自新，天天自新，永远自新"，中华民族伟大复兴必定实现！周公姬旦在平定叛乱之后，提醒康叔平治诸侯国的关键是让百姓都能够每天进步，这是何等高尚的国家治理策略啊！"周虽旧邦，其命惟新"的古训，提醒平治天下的统治者，国家进步的生命力在于构建一个自我更新的长效机制！这又是何等超卓的平治天下的古老智慧啊！如果每个人、每个组织、每个国家甚至全人类，都保有自我更新的态度、机制、追求，人类文明显然会更加繁荣！

要"内圣"，要"明明德"，必须"诚其意"，必须磨砺，必须坚守，必须内省，必须内视，必须内求，必须反思，必须自我批评，必须接受批评，必须自觉切磋、打磨、修炼，必须坚守本性、不忘初心、弘扬明德，必须建立一个内省、内视、反思机制，在正视缺点中成长，在克服弱点中强大，在战胜自己过程中实现生命的永恒！

第八章　知本——亲民前提

原本《大学》第八章被朱熹先生调整为朱本《大学》第四章，命名为"释'止于至善'"。朱熹先生的调整和理解是有问题的，这哪里是讲"止于至善"呢？只不过有一个"止"字，就觉得是解释"止于至善"的，太过于简单化了。这一章是"亲民"的起点：懂得人本伦理哲学和民本政治哲学。如果不懂得"民贵君轻"的思想，不懂得民心就是天心，不懂得人民的意志就是上天的意志，怎么可能去"亲民"呢？朱熹先生想多了，也想错了。曾子的旨意："大畏民志"是"亲民"的动力源。

《诗》云："邦畿①千里，惟民所止②。"《诗》云："缗蛮黄鸟③，止于丘④隅。"子曰："于止，知其所止，可以人而不如鸟乎？"《诗》云："穆穆⑤文王，於缉熙敬止⑥。"为人君，止于仁；为人臣，止于敬；为人子，止于孝；为人父，止于慈；与国人交，止于信。⑦子曰："听讼⑧，吾犹人也，必也使无讼乎！"无情者⑨，不得尽其辞。大畏民志⑩，此谓知本⑪。

【注】

①邦畿（jī）：国境。②惟：是。止：居住地。③缗蛮：鸟羽毛细密状。黄鸟：黄莺。④止：栖止。于：在。丘：山丘。⑤穆穆：容貌庄敬和蔼。⑥於（wū）：感叹词，啊。缉：同"熠"，光明。熙：温暖。敬：恭敬谨慎。止：语气助词，无实义。⑦这一句的关键是君臣、父子的相对和关联，以及君臣父子作为整体与国人的关联。⑧听讼：听取诉讼。⑨无情者：不掌握实情的人。⑩大：非常。畏：尊重，敬畏。民志：人民的意志、意愿；孔子有"匹夫不可夺志"之说。⑪此：这。谓：可算是。知：懂得。本：根本，也就是以人为本、以民为本。

【译】

《诗经·商颂·玄鸟》说："国都方圆千里，那是庶民的居住地。"《诗经·小雅·绵蛮》说："羽毛细密的黄莺，栖息在山丘的角落。"孔子说："唉，说到归宿，黄鸟都知道其该去的地方，难道人还不如鸟吗？"《诗经·大雅·文王》说："文王慈爱和善啊，光明温暖恭敬。"作为人君，修养身心的目标在于仁；作为人臣，修养身心的目标在于尊重；作为人子，修养身心的目标在于孝道；作为人父，修养身心的目标在于慈爱；与国人交往，修养身心的目标在于诚信。孔子说："听取诉讼，我跟其他人差不多，而我追求的最佳境界是诉讼根本不发生。"不掌握实情的人，不敢肆无忌惮地讲假话。尊重人民的意愿和意志，这才叫作知本。

【读】

本章开始探讨"亲民"之道。"亲民"从何处开始？"亲民"从民本意识的建立开始，"亲民"从人本精神的觉醒开始。孔子儒学的根本在于人本，人本的根本在于每个人都实现道德自觉——自明光明德性。只有每个人实现了道德自觉，实现了天赋本性的自觉，才能开启人民整体人格觉醒模式，这个社会就进入了主动更新模式，这个国家就进入王道模式！当代世界，除了为数不多几个依靠石油等天然资源暂时富裕的国家，哪个国家的发展和发达不是依靠全面提高国人素质的呢？

曾子先引用《诗经·商颂·玄鸟》中的"国都方圆千里，那是庶民的居住地"诗句，这仿佛诗歌起兴的手法，讲一个谁都能懂的事实：诸侯国和京畿千里，都是庶民所"止"。国家的疆界，是眼见为实的"止"。人生也有疆界，人生的疆界不在于"死亡"，而在于道德的自觉和完善。没有实现道德自觉和人格完善的人生是不值得过的！没有自明光明德性的人生是不值得过的！

曾子又借《诗经·小雅·绵蛮》中的"羽毛细密的黄莺，栖息在山丘的角落"，更加形象地以人们常见的黄莺的栖止，为下文引用孔子的反诘做好铺垫。接着曾子引用孔子的话："唉，说到归宿，黄鸟都知道其该去的地方，难道人还不如鸟吗？"启发读者自然得出结论：黄莺都知道所栖止的目标，难道人还不如鸟吗？潜台词：人自然比鸟强，更懂得人生的终极目标所在。言下之意，人生有梦想很重要，人生有理想很重要，人生有信仰很重要。人是社会发展的根本，人的道德自觉和人格完善是社会进步与人类文明的动力！

曾子接下来引用《诗经·大雅·文王》："文王慈爱和善啊，光明温暖恭敬。"再现中国人文精神的杰出代表人物周文王的高尚人格，告诉世人，周文王就是一位懂得人生终极目标的楷模。周文王作为最高统治者，慈爱、和善、光明、温暖、恭敬。周文王，与其说是王的典型，不如说是人的典型，是内心慈悲而性格温和的道德自觉和人格完善的人的典型，也是自明光明德性的典型！他的人格就是东方民族每个人都需要修养的人格！如果每个人都心有慈悲，心有慈爱，心有和善，心有恭敬，心有阳光，心有温暖，世界难道会不美好吗？

历代既得利益者，大多把"穆穆文王，於缉熙敬止"之后得出的"为人君，止于仁；为人臣，止于敬；为人子，止于孝；为人父，止于慈；与国人交，止于信"结论理解窄了、歪了、错了。先秦儒家的"君"的含义，并不仅仅指国君、天子，而是一个相对性很强的概念。相对于家庭来说，父亲是"家君"；相对于组织来说，上位者都属于"君"的范畴——这个"君"的范畴就涵盖了今天形形色色大大小小的社会组织和企业的负责人，这些"君"按照先秦儒家的道德定位——除了地位高，更重要的是道德高尚和人格完美。确切地说，在先秦孔孟儒家的语境中，"君"属于人格趋近于至善者，这种人作为上位者才是"人君"。哪怕最狭隘的理解，贵为国君，必须仁德，必须仁慈，必须仁爱，否则对于国家和国民就是灾难。作为人臣而不能恪尽职守（忠），对上位者不尊重，对下位者不负责任，那对于国家和人民也是灾难。作为人子，难道可以不孝敬父母吗？连父母都不能孝敬，能善待天下人吗？作为人父，对子女和晚辈不慈爱，他能爱天下人吗？他能成为社会组织和企业的杰出人物吗？作为自然人如此，作为社会人何尝不是如此？在地球村时代，跟七十亿人中的任何一人打交道，能不诚信吗？在孔子看来，处理诉讼案件的最高境界就是通过教化和道德自觉，使诉讼不复存在或者根本没有必要。

最后一句是结论：从自然人延伸的社会人，都需要仁，都需要敬，都需要慈，都需要孝，都需要"亲民"，都需要走近人，都需要尊重人，都需要敬畏人。作为自然人，不仁不敬不慈不孝不尊重人，会有朋友吗？作为社会人，不仁不敬不慈不孝不尊重人，会有事业吗？所以，曾子认为，尊重民心民意民志就是懂得君子人格修养的根本所在。

第八章是《大学》的转折点。讲的是"亲民"的前提必须"知本"。"本"是什么？世间万物，人是根本；社会生态，民是根本。这是孔孟儒学区别于其他哲学流派的根本。曾子说君子之学，首先是"明明德"，其次是"亲民"。如果不懂得以人为本，不懂得以民为本，如何亲民呢？又怎么可能自觉亲民呢？哲学以人为本，意味着改变世界，必须从改变人心开始，人心宁静了，宁静可以致远，人便可以正确处理人与人、人与自然、人与社会的关系。政治以民为本，意味着政治必须爱民、富民、敬民，人民的理解、认可、支持才是政权存在的合理依据。孟子明确："民为贵，社稷次之，君为轻。"这是孟子儒学石破天惊的民本思想，有着非凡的政治价值，放在人类历史上看无疑是永恒的政治智慧。非常遗憾，后世很多人没有认真汲取孔孟的政治智慧，甚至有人认为孔子的政治智慧颇为"迂"，孟子的政治智慧颇为"阔"，这是后人认知障碍带来的误解。

第九章　正心——亲民关键

原本《大学》第九章被朱熹先生调整为朱本《大学》第八章，命名为"释'正心修身'"，而曾子阐明：修身是"亲民"，即"外王"之道的起点。身不修，心不正，如何为周遭的人们做出表率和示范？现实中贪婪成为很多人的潜意识，贪官难以治理，很大程度上是因为一些官员身不修，心不正，在世俗和官场中让贪婪之心膨胀起来。如何能够重新收起"放纵的心"，让其回归正位？儒家提倡先修身正心，而后亲民，逻辑上非常正确。

所谓修身^①在正其心者：身有所忿懥^②，则不得其正；有所恐惧，则不得其正；有所好乐，则不得其正；有所忧患，则不得其正。心不在焉^③，视而不见，听而不闻，食而不知其味。此谓修身在正其心。

【注】

①修身：修养身心。②忿：愤怒，愤恨。懥（zhì）：发怒。忿懥：同义复指。③焉：兼词，于此。

【译】

所谓修养身心其实就是端正人的心。人因为愤怒而心不正，因为恐惧而心不正，因为好乐而心不正，因为忧患而心不正。心思没有集中、端正在要做的事情上，那么看东西却像没有看见一样，听声音却像没有听见一样，吃食物却不知味道怎样。所以说，修身就是让人心回归正位。

【读】

要走进族人，要走进乡人，要走进世人，要影响他们，如果没有修身，没有正心，如何影响？如何实现？显然，修身正心是"亲民"的基本功。民国时期设置修身课，是不错的举措。修养身心，一如修剪树木。平常看到的各种树木，每年都需要适度修剪，否则，大部分很难长成参天大树。失去"正心"，或许是因为愤怒，人处于愤怒状态，丧失理智，连基本判断都会失误；或许是因为恐惧，人丧失理智，连基本判断力都没有；或许是因为好乐，玩物丧志，忘了自己从何而来，将去何方，刘禅的乐不思蜀就是因为好乐而不得"正心";或许是因为忧患到达极限,人变得心如死灰,心智毁灭,自然也不得"正心"。心是基于个体生命的情感价值伦理能动本体,如果心不在焉,"视而不见,听而不闻,食而不知其味",还能做什么呢?我数十年的教育教学生涯,观察到很多学生学业突然下滑,甚至出现听不懂的状态,其实都是因为"心不在焉",也就是心没有回到"正位"。《孟子·告子章句上》说:"学问之道无他,求其放心而已矣。"即修身正心之道、修养身心之道。"求其放心",就是将放纵、放任、放弃的心"求索"回来,放在"正位",让天赋本心回到本位和回归本性的过程。具体来讲,就是让仁、义、礼、智、信、和等这些先天生命情感智慧,回到心中,恢复初心,形成坚守。所以,先秦儒家认为,修身就是正心。

社会的歪风邪气,根源就在于人心不正。不是这样的吗?出现雾霾有人说源于烧煤,有人说源于汽车尾气,有人说源于土壤干燥,有人说源于气候干燥,有人说源于农民燃烧黍稷秆等,这些说法表面都对其实全错!源于人抛弃了天人合一的伦理,源于人抛弃了民胞物与的情怀,源于人抛弃了给宇宙以道德终极关怀的大智慧。难道不是心不正吗?

很多人急躁到不愿意等待红灯变绿,开豆腐店三天就想着开分店,做酱菜三个月就想着开连锁店,开餐馆三年就谋求上市,哪里有心情追求质量?哪里有心思打造品牌?做什么都有急功近利的取向!这不是人心不正导致的问题吗?

为什么那么多人患上了抑郁症之类的心理疾病?这不是人心不正又是什么?我必须很负责任地说,抑郁症根本不是生理病,也不是心理病,本质上讲就是心有病,他们不知道从何而来,为何而来,将去何方,如何去想去的地方,即世界观、人生观、价值观等出了问题,也就是人心出了问题,就是心不正的问题,这才是抑郁症的病根所在啊!

第十章　齐家——亲民基础

原本《大学》第十章，在朱本《大学》中正好也是第十章，被朱熹先生命名为"释'修身齐家'"。显然曾子的旨趣是告诉读者：齐家是亲民的基本功，齐家是亲民而治国的前奏、实验、锻炼，甚至是基础。

　　所谓齐其家在修其身者：人之其所亲爱而辟①焉，之其所贱恶而辟焉，之其所畏敬而辟焉，之其所哀矜②而辟焉，之其所敖惰③而辟焉。故好而知其恶，恶而知其美者，天下鲜矣。故谚有之曰："人莫知其子之恶。莫知其苗之硕。"此谓身不修，不可以齐其家。

【注】

　　①之：之于，对于。辟：癖好，偏斜，有失公允。②哀矜：哀怜同情。③敖惰：骄傲怠慢。

【译】

　　齐家其实就是修身（修身就是正心）。人在评判人和事时，会因为感情上亲近喜爱而偏爱，因为看不起或讨厌而偏向厌恶，因为害怕或敬重而偏向敬畏，因为哀怜或同情而偏向怜悯，因为骄傲或怠慢而偏向骄纵。所以，喜爱一个人又能知道他的缺点，厌恶一个人又能知道他的优点，这样的人天下少有。因而谚语有言："人们常常不知道自己孩子的缺点，也不知道自己的庄稼长得壮硕。"这就是说，自身不修身正心，处理问题往往有失公允而不可能使家庭和睦。

【读】

这一章阐述"亲民"必须"齐家","齐家"必须修身正心，家人和族人都需要修身正心，如此才能实现齐家。要使家庭和睦，必须修身，修身的本质是正心，正心之后才能行为中正。人们往往因为亲爱、亲近、鄙夷、讨厌、恐惧、敬畏、同情、骄傲、怠慢等情感而导致偏心。心偏了，判断事物自然就有偏差。喜欢一个人，而能看到一个人的不足；厌恶一个人，而能看见或者愿意承认他身上的优点。这样的人自古就少见。

人心直接影响到人对外物的观察、思考、判断。原本无所谓苦乐，原本无所谓善恶，只有人心主观觉得苦才是苦，人心觉得乐才是乐，人心觉得善才是善，人心觉得恶才是恶。心学集大成者王阳明则反复对类似饮水这类生活中的平常体验作深入思考，基于实践理性，提出了"无善无恶心之体"的世界观。世间本无善恶苦乐，不是吗？黄金拿在手里是善是乐，放在肚子里却是苦是恶；高山之于旅行者是善是乐，之于急于赶路的人却是苦是恶；水之于人类多数时候是善是乐，但暴雨成灾的时候却是苦是恶。再举一个极端世俗的例子：大粪之于城市市民是苦更是恶，但之于菜农却是善是乐，有机肥料培育的蔬菜对于人们来说是上善也是口福至乐。

王阳明先生说的"心外无物，心外无事，心外无理"是真理，即世界的任何人、事、物只有通过人的"心识"去感觉、直觉、认知才是有意义的——阳明心学与海德格尔的存在哲学在认知路径上完全一致。心的状态决定了"观物"的结果：如果心里充满阳光，看任何事情，看任何人，都是温暖的、明亮的，是充满希望和期待的；如果心里满是凄风苦雨，那么看什么都是阴暗的，吃什么都是苦的，看未来也觉得前途渺茫；如果内心强大，人生尽管充满蹉跌，依然阻挡不了成功的趋势。——人也许没有办法绝对自由，也许没有办法选择环境，甚至没有办法选择职业，但可以选择善恶苦乐！我当教师，选择了快乐和热爱！我当校长，选择了快乐和热爱！我当局长，选择了快乐和热爱！这种选择，就深受心学家王阳明"有善有恶意之动"的人生观的启发。

人生就是由善恶苦乐的无数选择连缀而成。学习成为工作方法，成为生活方式，成为生命状态！读书是苦还是乐？我选择了乐此不疲。数十年手不释卷，数十年治学不辍，数十年只争朝夕！别人理解我，我在读书！别人不理解我，我在读书！每天夜晚，我在读书！每个双休日，我在读书！每次长假，我还是在读书！挫折绝对是痛苦的，但人生何其有幸，我把挫折变成了财富！没有挫折，我不会选择内求，我不会观照内心，我不会以书为伴，我不会结缘心学，我不会重读二十五史，我不会再次深度撞击东西方哲学，我不会从教育与文化的视域重新审视中华优秀传统文化，自然不会有《论语心读》《大学心读》《中庸心读》《孟子心读》《诗经心读》等问世！

我认为先秦儒学已经种下了后世心学的种子！《大学》的这一章就埋有心学根脉！

第十一章 治国——亲民四策

朱熹先生将原本《大学》第十一章调整为朱本《大学》第十章，并把原本《大学》中本章引用的《诗经》中的三句诗句（朱本第十章第4节）调整到第十章，融合在一起，命名为"释'齐家治国'"。曾子旨趣不在"释'齐家治国'"，而是把"齐家治国"作为"亲民"的目标，进行多角度阐述。

一、成教于国

所谓治国必先齐其家者，其家不可教^①而能教人者，无之。故君子不出家而成教^②于国。

【注】

①教：教化，教导使之变化，变化的主体还是被教育者。②成教：成教化，以文化使民众觉悟。

【译】

所谓治理国家必然先使家族和睦，族人都不能教化而能教化其他人，没有这样的事情。所以，道德高尚者即便不出家门，也能在国家达成教化的目的。

【读】

先秦儒家治国的核心理念在于教化。如果家庭成员都教化好了，即家庭成员都知书达理、仁爱亲亲，家庭自然和睦。如果国人都能做到家庭成员和睦相处，族人都能其乐融融，国家何能不康泰？国家治理的关键是人，人心有仁爱，人心有慈悲，人心有怜悯，人心有忠恕，人心有阳光，这个世界当然就好了。如果每个国民素质高了，即便国家停摆，政府停摆，国家都不会乱。德高望重者即使在家中，他的思想在教化人，他的作品在教导人，他的人格在感化人。孟德斯鸠没有出门，但是他的国家学说和法治思想却影响了法国，影响了欧洲和世界，这不是君子不出门但是成教化于国家吗？培根不出门，但是培根的文学和哲学不仅影响英国，也影响整个欧洲，甚至影响全人类，这不是君子不出门而成教化于国家吗？雅斯贝尔斯不出门，但是他的教育思想不仅影响德国，也影响欧洲，甚至影响全人类，这不是君子不出门却成教化于国家吗？一个国家的全体公民崇尚某种精神，往往会让这个国家因此而走上繁荣或强盛！瑞士人崇尚精确，瑞士的钟表制造工艺全球第一！德国人崇尚严谨，德国的科学技术始终处于世界的前沿！法国人崇尚艺术，法国始终是世界艺术的集散地！

孔子云："为政以德，譬如北辰，居其所而众星共之。"为政者要教化人，必须自己心正身正，否则，何以教化人？孔子又云："政者，正也。子帅以正，孰敢不正？"父母为孩子做好榜样，老师为学生做好榜样，天下"因德高而处于上位者"都能为他人做好榜样，如此，社会自然变得十分美好！如果再加上自由、民主、平等、法治等精神的浇铸，就是开万世太平了。

二、孝悌慈爱

孝者，所以事君①也；弟②者，所以事长也；慈者，所以使③众也。《康诰》曰："如保赤子④。"心诚求之，虽不中⑤，不远矣。未有学养子而后嫁者也。

【注】

①事：侍奉。君：君王，君上。②弟：同"悌"，同辈中年幼者对待年长者的伦理和礼仪。③使：推动，驱动，感召。④赤子：刚出生的婴儿，因为全身呈赤色，故云"赤子"。⑤中（zhòng）：适合，符合。

【译】

孝道，可以用来侍奉君上；悌道，可以用来侍奉兄长；慈道，可以用来凝聚民众。《尚书·周书·康诰》说："爱护民众如同爱护刚出生的婴儿。"只要真诚地追求，虽然未必完全适合，但是离目标不远了。没有先学会养育子女，然后再去嫁人的。

【读】

仁，是排在孔子儒学第一位的核心价值，也是中国伦理学最厚实的奠基石。仁是什么？是种子中最核心、最柔软、最富有生机的那一部分，可以爆发出强大的生命力。孔子儒家认为，仁心是人之为人的根本，人而不仁就不是人。如果一个人，连父母都不能孝敬，他能善待天下人或天下人的父母吗？不仁何以为孝？如果一个人对哥哥、姐姐都不能尊重和善待，他能带出有凝聚力的企业团队和社会组织吗？如果一个人对晚辈、后生、孩子都无慈爱，他可以成就伟大的事业吗？他的事业又是为谁呢？

中国伦理学就是基于家庭、家族然后逐步扩大到社会，家和万事兴，齐家才有可能治国和平天下。五四时期，人们对"移孝作忠"颇为诟病，认为以"孝道"对待国君是谄媚，是奴性，是腐朽。这首先是因为人们对"以孝事君"的"君"理解错误，这里的"君"并非特指或专指君王或天子，更多时候是君子、君上的意思，指年长辈尊且德高望重者，后来延伸成为一种尊称和敬称。日本人传承了这一传统，现代社会依然称呼对方为坂田君、松田君、信田君等。况且，"忠"的对象还包括国家、人民，难道对国家不应该忠诚吗？对人民不应该忠诚吗？"二战"时期，日本人在武力武器绝对强大的条件下，14 年却无法征服中国，就是因为"移孝作忠"的伦理精神，凝聚起中华民族强大的救亡图存力量。如果不是那些忠孝难全而移孝作忠的将士们前仆后继，哪有中华民族的浴火重生？

孔子儒家强调伦理的相对性、爱的相对性，孝也好，悌也好，慈也好，都有相对的一面。比如强调臣下的忠，也强调君上的礼（君使臣以礼，臣事君以忠）；强调父慈子孝互为条件，并没有"愚忠愚孝"的荒唐。相反，回到文本，《尚书·周书·康诰》强调，君主爱护民众如同爱护刚出生的婴儿。要真诚地去做，努力地去做，有差距不怕，贵在持之以恒，贵在不惊不惧，贵在只争朝夕！

三、家国一体

一家仁，一国兴仁；一家让①，一国兴让；一人贪戾②，一国作乱。其机③如此。此谓一言偾④事，一人⑤定国。尧舜帅⑥天下以仁，而民从之。桀纣⑦率天下以暴，而民从之。其所令⑧反其所好，而民不从。是故君子有诸己⑨，而后求诸人。无诸己，而后非诸人。所藏乎身不恕⑩，而能喻⑪诸人者，未之有也。故治国在齐其家。

【注】

①让：辞让，谦让。②戾：暴戾。③机：玄机，关键。④偾（fèn）：败坏。⑤一人：语出《孟子·梁惠王上》"不嗜杀人者能一之"，即最终能够赢得天下的是那不嗜杀人的仁人，他才能让国家安定。⑥帅：同"率"，示范，率先垂范。⑦桀纣：夏桀和商纣，分别为夏代和商代的末代暴君，以残暴著称。⑧令：命令，推行。⑨有诸己：自己有仁心和善良。⑩恕：宽恕，宽容。⑪喻：教导，晓喻。

【译】

一家仁爱，整个国家仁爱；一家礼让，整个国家礼让；一人贪婪暴戾，整个国家群起作乱。玄机就是如此。这就叫一句话可以败坏事业，一个人可以安定国家。尧舜以仁爱率先垂范，百姓效法。桀纣以暴戾示范于天下，百姓也效法。他们下令推行的正好与自己所喜欢的相反，百姓是不会效法的。所以，道德高尚的君上自己仁爱，才要求别人仁爱。自身没有仁爱，就没有办法苛求他人仁爱。隐藏在内心的不是宽恕，却教导别人宽恕，从来就没有。所以治国的关键在于家人自觉和家庭和睦。

【读】

本节先站在诸侯国国君的视角和立场，阐述治国的关键在于国君做出表率，在于国君带头治理好自己的家族和家庭。国君仁爱，做出了示范，国人就仁爱；国君家族礼让，百姓仿效，国家就很容易礼让文风盛行。反过来，国君贪婪暴戾，百姓都看在眼里，整个国家就会贪婪暴戾，甚至群起作难。即便是放在现在君主立宪制的国家，国君家族的示范作用非常强大，国君的力量也不可小觑。

然后递进一层，以尧舜作为正面例子，以桀纣作为反面例子，强调治国的根本和基础在于家族与家庭和睦，家族与家庭和睦的基础是每个人的仁爱和善良。作为所谓"治国"者，有做出更好的示范吗？尧舜以仁爱示范于天下，最终赢得天下；桀纣以暴戾示范于天下，最终葬送天下。所谓"治国"者，明明自己暴戾恣睢，而要求百姓温良恭俭让，有可能吗？反之亦然，尧舜以仁爱为天下人做出榜样，于是在天下推行仁爱，如此才能让天下大治。贵为国君者，在特殊的位置，有特殊的身份，自身仁爱，天下才能仁爱；自身残暴却要求天下仁爱，有可能吗？作为领导，自己贪婪成性，却要求下级清廉，做得到吗？自己不学无术，却要求下级天天进步，做得到吗？自己没有责任感和使命感，却要求下级有担当，做得到吗？

这些是亲民的范畴吗？当然是。亲民就是走近人，就是走进人群，就是影响周遭的人们，就是与大家共生共长。亲民不是某一个人达于"至善"的责任，而是每一个人追求"至善"的责任。如果做一个平民，就要为家庭做道德楷模和人格示范；如果做公司董事长或者总裁，就应该成为全公司的道德楷模和人格示范。每个人都能在自己的角色中实现道德自觉，实现人格自觉，同时在力所能及的范围内，影响周遭的人们，这个社会不就很美好了吗？

四、齐家为要

《诗》云："桃之夭夭①，其叶蓁蓁②。之子于归③，宜④其家人。"宜其家人，而后可以教国人。《诗》云："宜兄宜弟。"宜兄宜弟，而后可以教国人。《诗》云："其仪不忒⑤，正是四国⑥。"其为父子兄弟足法⑦，而后民法之也。此谓治国在齐其家。

【注】

①夭夭：娇美之状。②蓁蓁：树叶繁茂。③之子：那个姑娘。于归：出嫁。④宜：适宜，有利于。⑤仪：仪态，行为。忒（tè）：始终如一，不变化。⑥正：法则，示范。是：这。四国：四周的诸侯国，即全国范围。⑦足法：足以效法。

【译】

《诗经·国风·桃夭》说："桃树娇美，叶儿繁茂。姑娘出嫁，家庭繁盛。"家庭枝叶繁茂，然后才能教化国人。《诗经·小雅·蓼萧》说："如兄如弟。"家族中人如兄弟般亲爱，才能教化国人。《诗经·国风·鸤鸠》说："表里如一无偏差，做四方各国的榜样。"如此足以作为父子兄弟的榜样，也自然值得百姓效法。这就叫作治国的基础在于齐家。

【读】

《诗经·国风·桃夭》是周代经典颂婚诗。这首诗的三节侧重点不同，被引用部分侧重点在歌颂这个姑娘出嫁了，有利于新家族的子孙繁衍。家庭繁盛，是因为姑娘贤淑，家庭和睦，家族和乐，讲的也是"齐家"的问题。由诗句表达的意蕴，可以判断，在当时，男尊女卑的思想并不是很强烈。《诗经·小雅·蓼萧》说："如兄如弟。"这首诗的主题是歌颂周公姬旦作为国君，泽及四海的教化之功。周公姬旦辅佐成王的时候，就能够制礼作乐，教化天下百姓，成就了辉煌灿烂的文明。周公以仁治天下，以礼治天下，以法治天下，如此成熟的社会治理体制机制，当然能够让国势强大，当然能够泽及四海，当然能够让天下归心。君臣和谐，君臣和睦，君臣融洽，君臣一心，国家复兴，人民幸福。在古代文明中，这种相对健康的君臣伦理，这种建立在真诚和忠诚之上的君臣伦理，自然值得肯定，有一定合理性。今天又何尝不是如此呢？层级管理体制中，上下级相互信任，彼此融洽，事业必然兴旺！周公通过礼乐教化，让家族亲如兄弟，然后教化国人，创造了传奇式的东方政治文明。接着引用《诗经·国风·鸤鸠》："表里如一无偏差，做四方各国的榜样。"引申说明，贵为国君，必须表里如一，必须始终如一，如此才能作为父子兄弟的榜样，其行为举止自然可以作为百姓的榜样，值得百姓效法。自古而今，就没听说过上梁不正而下梁能正的。历朝历代末代之君，不乏因为自己失德，导致民心丧尽、国家倾覆、政权瓦解的例子。

第十二章 平治——亲民六要

朱熹先生把原本《大学》的第十二章调整为朱本《大学》的第十一章，虽然都是最后一章，但是朱熹先生认为最后一章是解释"治国平天下"，也就是讲天子御民之术。这样理解背离了哲学家曾子的原意，也扭曲了孔孟儒学的宏旨。这一章本质上就是讲"亲民"的要诀，也是曾子认为"止于至善"的一种境界和气象。

一、絜矩之道

所谓平天下在治其国者：上老老①，而民兴孝；上长长②，而民兴弟③；上恤孤④，而民不倍⑤。是以君子有絜矩之道也⑥。所恶于上，毋以事下；所恶于下，毋以事上；所恶于前，毋以先后⑦；所恶于后，毋以从前⑧；所恶于右，毋以交于左；所恶于左，毋以交于右。此之谓絜矩之道。

【注】

①老老：前一个"老"是动词，指赡养老人。后一个"老"是形容词作名词用，指老人。②长长：前一个"长"是动词，指尊重。后一个"长"是形容词作名词用，指年长者。③弟：同"悌"，尊重敬重年龄比自己长的同辈人称为"悌"。④恤：体恤，周济。孤：年幼丧父称为"孤"。⑤倍：同"背"，背叛，引申为背弃，遗弃。⑥絜（xié）：量物体周围长度，也泛指衡量。矩：方，方形。是以君子有絜矩之道也：君子深知推己及人之道。⑦先后：以前面错误的做法对待后面的人。⑧从前：对前面的人做后面的错误事情。

【译】

天下太平的基础在于国家治理。国君尊敬老人，国民就时兴孝道；国君尊重长者，国民就时兴敬长；国君怜爱救济孤儿，国民也不会遗弃孤儿。因此君子懂得推己及人之道。自己厌恶上位者那些品行，就不能以同样的品行来对待属下；自己厌恶下位者的那些品行，就不能以同样的品行来对待上位者；自己厌恶前面的人的那些品行，就不能以同样的品行对待后面的人；自己厌恶后面的人的那些品行，就不能以同样的品行对待前面的人；自己厌恶右边的人的那些品行，就不能以同样的品行对待左边的人；自己厌恶左边的人的那些品行，就不能以同样的品行对待右边的人。这叫作推己及人之道。

【读】

这一节强调"絜矩之道"是亲民而平治天下的第一要素。可以分两段理解，"是以君子有絜矩之道也"前后各为一层。前面一层强调，国君在治国过程中以上率下。后面一层延伸，即便是普通人，也应该有推己及人之道。两层结合起来，前者讲"子帅以正，孰敢不正"，后者讲"己所不欲，勿施于人"。

天下太平首先是国君的责任，国君必须做出榜样，必须"为政以德，譬如北辰，居其所而众星共之"；其次，天下太平是上位者的责任，天下上位者"子帅以正，孰敢不正"；再次，天下太平，匹夫有责，每个人"己所不欲，勿施于人"，每个人换位思考，每个人将心比心，每个人心中都充满慈悲和光明，这个世界怎能不美好呢？或许读者会指责，我在为封建统治唱赞歌，为封建道德唱赞歌，错了！其实在治理过程中，真正以人为本和以民为本，没有时代的差异；"已所不欲，勿施于人"的普适性道德原理也一样没有时代差异，古今中外都适用。中国法治的现代化，需要突显人民的主体地位和主人地位；法律成为人民自由意志的体现，法治自然就会成熟，就会相对公平公正。

二、与民同乐

《诗》云："乐只^①君子，民之父母。"民之所好好之，民之所恶恶之，此之谓民之父母。《诗》云："节彼南山^②，维石岩岩^③。赫赫师尹^④，民具尔瞻^⑤。"有国者不可以不慎；辟则为天下僇^⑥矣。

【注】

①只：是，这。②节：山势高峻。南山：终南山。③维：发语词。岩岩：山石堆叠状。④赫赫：显赫。师：太师，周王的三公之一，军权的实际掌握者。尹：周幽王时代的太师尹民氏。⑤民：百姓，民众。具：同"俱"，都。尔瞻："瞻尔"倒装，远远地看着你。⑥辟：偏执。为：被。僇（lù）：通"戮"，杀戮，羞辱。

【译】

《诗经·小雅·南山有台》说："快乐的君子，是百姓的父母。"百姓喜欢的他们喜欢，百姓厌恶的他们厌恶，这就是百姓的父母。《诗经·小雅·节南山》说："南山高峻，岩石累累。赫赫声威的尹太师，老百姓远远地看着你。"暂时拥有国家的国君，不可不慎重啊；如果偏执，就会被天下人羞辱甚至杀戮啊。

【读】

这一节强调，国君必须以人民的意志为意志，必须以人民的喜好为喜好，必须以人民的追求为追求。与民同乐，前提是必须拥有和遵守与人民高度一致的价值观。国君只是暂时代表人民打理天下，一代国君的产生，是历史时期人民自由意志的选择。既然被历史和人民选择了，国君执掌天下百姓的事务，绝对不可以把百姓的财产当作私有财产随心所欲，恣意妄为。曾子的洞见：人民喜欢的，国君喜欢；人民厌恶的，国君厌恶。这是多么成熟的民本思想啊。曾子更进一步引用《诗经·小雅·节南山》诗句说："南山高峻，岩石累累。赫赫声威的尹太师，老百姓远远地看着你。"尹太师如何呢？太师是一国最高行政长官，如果那位"乐只君子，民之父母"的国君能够以百姓的好恶为好恶，那么政治好坏就直接由太师决定。太师位在一人之下万人之上，众目睽睽，不可为所欲为。

三、德本财末

《诗》云："殷之未丧师①，克配②上帝。仪监于③殷，峻命不易④。"道⑤得众则得国，失众则失国。是故君子先慎⑥乎德。有德此⑦有人，有人此有土，有土此有财，有财此有用。德者，本也；财者，末也。外本内末，争民施夺⑧。是故财聚则民散，财散则民聚。是故言悖⑨而出者，亦悖而入；货悖⑩而入者，亦悖而出。

【注】

①丧师：丧失民心。②克：能够。配：匹配，适合，适应。③仪：同"宜"，应该。监：对照，借鉴。于：从。④峻：大。命：天命。易：更改。⑤道：特指"絜矩之道"，推己及人之道。⑥慎：谨慎坚守。⑦此：才。⑧施夺：实行掠夺。⑨悖：悖逆。⑩悖：悖理。

【译】

《诗经·大雅·文王》说："殷未丧失民心时，德性能够与上帝相配。应该借鉴殷灭亡的教训，不要轻易变更伟大天命。"推己及人之道能够获得民众也就能够让国家长治久安，如果失掉了民众的信任期待也就失掉了国家。所以，国君最应该谨慎修养自己的道德。自己有道德才有人才归附，有人才归附才有土地，有土地才有财富，有财富才能支持用度。道德，是根本；财富，是末梢。如果把外在的财富当作根本，把内在的道德当作末梢，那么民众必然抢劫掠夺财富。因此，对于国君或国家而言，财富聚集到国库，那么人民就离心离德而出走；财富散在民间，藏在民间，民心就聚集，国家就具有凝聚力。所以，政令违背道义而颁发，自然遭到违背道义的反抗；以违背道义的方式搜刮来的财富，最终也被以违背道义的方式剥夺。

【读】

这一节强调亲民而平天下必须坚守的核心价值观。天下最宝贵的是人的德性，还是财富呢？上位者最宝贵的是德性，还是自己拥有的财富呢？曾子给出了振聋发聩的答案。作者首先引用《诗经·大雅·文王》的诗句："殷未丧失民心时，德性能够与上帝相配。应该借鉴殷灭亡的教训，不要轻易变更伟大天命。"曾子以铁的事实证明即便强大的商汤帝国，即便是贵为天子，失德则失众，失众则身被屠戮。古今中外，没有例外。无论拥有多么辽阔的帝国，无论拥有多么强悍的军队，无论拥有多么令人羡慕的权力，国家失掉民心必然灭亡。譬如大秦帝国幅员辽阔，却最终出现了"楚虽三户，亡秦必楚"的局面；大秦帝国，军队席卷宇内，剿灭六国，不可谓不强悍，因为失掉民心，却被大泽乡九百戍卒点起的星火烧得灰飞烟灭；大秦帝国，奉行商鞅只体现最高统治者意志的极端法治，不可谓不威严，最终因缺乏仁心、仁政、仁道，而被人民颠覆抛弃。

紧接着，曾子进一步思考，对于人君来讲，德、人、土、财、国的逻辑关系。强调有道德，对于人才才有凝聚力；有人才，才有土地；有土地，才有财富；有财富，才有开支。但这一切，道德是根本，是内因，是根据，是本质。曾子最后推论出人类政治文明的洞见：对于国家而言，政府搜刮民脂民膏，离心离德且民心丧尽，最终人民会用脚投票；政府藏富于民，则具有超强的凝聚力，人民因为信任和热爱政府而形成强的聚合力，生死与共，不离不弃。

康德哲学认为，人民才是历史自由意志的本体；马克思主义哲学认为，只有人民才是历史的创造者。这是数千年历史演绎不以个人意志为转移的人类社会发展规律。所以，亲民才是治国平天下的正道、王道，坚守与人民相同的核心价值观是平治天下不可缺少的条件。

四、仁以为宝

《康诰》曰："惟命不于常①。"道②善则得之，不善则失之矣。《楚书》曰："楚国无以为宝，惟善以为宝。"舅犯③曰："亡人无以为宝，仁亲以为宝。"《秦誓》曰："若有一介④臣，断断⑤兮无他技，其心休休焉⑥，其如有容焉。人之有技，若己有之；人之彦圣⑦，其心好之，不啻⑧若自其口出，寔⑨能容之。以能保我子孙黎民，尚亦有利哉！人之有技，媢⑩嫉以恶之；人之彦圣，而违之俾⑪不通，寔不能容。以不能保我子孙黎民，亦曰殆⑫哉！"

【注】

①惟：通"唯"，唯独。命：天命。于：在，是。常：永恒。②道：引申为仁道。③舅犯：晋文公的母舅孤偃，字子犯。④介：个。⑤断断：忠诚老实状。⑥休休：憨厚状。焉：句末语气词，无实意。⑦彦：美，美貌。圣：内圣，即道德智慧修养高深莫测。⑧啻（chì）：只是。⑨寔（shí）：同"实"。⑩媢（mào）：嫉妒。⑪违：压抑、压制。俾（bǐ）：

使。⑫殆：危殆，危险。

【译】

《尚书·周书·康诰》说："唯独天命不会永恒。"行仁道则得天命，行不善则失天命。《楚书》说："楚国没有什么值得当宝的，仅有行善可以作为国宝。"晋文公的舅舅子犯说："流亡中的人没有什么可以当宝的，以厚爱亲人为宝。"《尚书·周书·秦誓》说："如果有位臣子，忠诚老实，没有其他技能，内心宽广，很有包容心；别人有技能，仿佛他自己有；人家美貌内圣，他会心生仰慕，不只是口头赞美，而能真心容人所长。如此能够保护我的子孙百姓，且能为子孙百姓谋取利益！他人有技能，就嫉妒且憎恶；他人美貌内圣，却阻止使其不能通达君上，其实是不能容人。这样的做法不能保护我的子孙百姓，也就是说危险啊！"

【读】

这一节阐述仁爱对平治天下的重要性。两千多年前的曾子，对从天子以至于庶人的心理研究得如此透彻，充满深刻洞见。《尚书·周书·康诰》说："唯独天命不会永恒。"这是周代统治者的惊天发现，商汤开创的殷商政权，迷信天命永恒，直到商纣王被困朝歌，还在狂妄呼喊："我是天子，天命在我这里；武王奈我如何？"周公姬旦则坚持认为，天命不是永恒的，行仁道者得天命，违背仁道则失掉天命。这惊天发现，奠定了中国人本伦理哲学、民本政治哲学的思想基础。孔子儒学的人本伦理哲学、民本政治哲学正是建立在西周初年政治实践的基础之上，尤其是周公姬旦辅政成王的岁月为儒学的创建提供了坚实而丰富的实践依据。

阐述天命之后，曾子继续引用《楚书》"楚国没有什么值得当宝的，仅有行善可以作为国宝"继续证明周公姬旦发现的观点，"善"才是国宝，

"善"才能获得人心。接着引用晋文公的舅舅子犯"流亡中的人没有什么可以当宝的，以厚爱亲人为宝"说明，流亡中的储君，唯有仁爱亲人，善待亲人，才是求生之道。这是何等深刻的政治洞见！

君王行仁政获天命，君王行善是国宝，储君仁亲是国宝。那么，臣子该怎么做呢？曾子引用《尚书·周书·秦誓》的句子，表达自己的洞见：作为臣子，可以没有过人的技能，但是需要内心宽广，包容他人的出类拔萃，包容他人超越自己；别人有过人的技能，仿佛自己有技能一样高兴；知道别人外表帅气且德高望重，心中羡慕，不只是口头赞美，还需要实实在在包容、尊重、珍惜。只有这样，才能保护子孙百姓。作为人臣，他人有过人的技能，就嫉妒憎恶；他人帅气而智慧，自己就百般阻挠、百般抑制、百般打压，千方百计阻止他人被上级或国君知道。这样的做法，不仅不能保护子孙百姓，而且会让国家处在危险之中。

曾子对人心人性的洞悉、洞察、洞见，怎么正面评价都不过分。从古至今，从天子至庶人，兴也在人、在仁，败也在人、在不仁。社会局面陷入深度昏迷和停滞，很大程度上就是因为各行各业和政府部门的上位者，没有按照《大学》的教诲去做，没有按照《尚书·周书·康诰》的智慧去做。假如每个上位者，都能见贤思齐，见不贤而内自省，人才的成长通道就会畅通，各类人才就会出类拔萃，政治精英也会不断脱颖而出。

五、忠信担当

唯仁人放流之^①，迸诸四夷^②，不与同中国^③。此谓唯仁人为能爱人^④，能恶人^⑤。见贤而不能举，举而不能先^⑥，命^⑦也；见不善而不能退，退而不能远^⑧，过也。好人之所恶，恶人之所好，是谓拂人^⑨之性，菑必逮夫^⑩身。是故君子有大道^⑪，必忠信以得之，骄泰^⑫以失之。

【注】

①仁人：仁德之人，行仁政之人，特指舜。放流：流放。之：指被舜流放的四大恶人。即《尚书·虞书·舜典》记载："流共工于幽州，放驩兜于崇山，窜三苗于三危，殛鲧于羽山；四罪而天下咸服。"②迸（bèng）：驱逐，驱除。诸：到。四夷：四周偏远的地方。③与：许。同：亲近。中国：一指王庭所在的王都，一指礼仪之邦；因为周代以礼乐文明治国，最好的当然是王都，所以中国指王都。④爱人：公正地爱人，即爱一个人却知道他的弱点。⑤恶人：公正地憎恨人，即憎恨一个人但能知道他的优点。⑥举：举荐，被举用。先：出类拔萃。⑦命：命运。⑧退：退除，辞退。远：使之远，即指辞退的程度，并非仁人与被辞退者的心理距离。⑨拂：违背。人：百姓，普罗大众。⑩菑（zāi）：同"灾"。逮：接

近，及。夫：其。⑪大道：根本之道。⑫骄：恣意妄为。泰：舒适，舒泰。

【译】

只有仁人才会流放邪恶之徒，将其遗弃在偏远之地，不许他往来王都。这就是唯有大仁者能够公正地爱人，能够公正地憎恶人。见到比自己优秀的不能举荐，如果被举荐而不能继续发展，那只能说是命的问题。见到不善的不能辞退，辞退不能让他远离，那是过错啊。喜好常人之所厌恶，厌恶常人之所喜好，这叫作违逆本性，灾害必将祸及自身。所以，君子应该有大智慧，因忠信获得成功，因骄奢淫逸而失败。

【读】

这一节讲君子忠信担当品质，因"亲民"而成为君上甚至成为君王，但没有忠信精神，没有担当精神，绝对不可以。所谓"厚黑学"，提倡上位者让下位者"内斗"以求平衡，自己稳居上位，地位固若金汤，实则是典型的小人文化。曾子歌颂大舜，把四大恶人流放四夷，结果天下归心。为什么？因为惩恶扬善，乃百姓所愿，以百姓之心为心。如此，才能稳住民心，才能赢得民心。

曾子举了舜的典型案例，紧接着做了延伸。见贤不举，是君上的过错，至于被举荐者以后自己不再进步，不再出类拔萃，责任在被举荐者自己，或许是他自己的命运如此。见到不善的，不能辞退，辞退又不能疏远或远离，那是天大的过错。王阳明时代的皇上，不能辞退宦官，也不能疏远他们或将其贬到偏远地方，最终不仅忠臣义士饮恨长叹，皇帝自身也反受其害，搞得天下乌烟瘴气。曾子这番话，是对每一个处于上位的君子讲的，见贤思齐，举贤用能，都是君子本心本性所在，反其道而行之，必然人格崩塌，事业失败，少有例外。

比照现代文明，平治天下需要崇尚充分体现人民意志的法治，需要崇尚人类普遍认同的世界观和价值观，尤其需要公平正义。邪恶之徒，如果不能放逐到偏远之地，对于善良之人就是伤害。见到比自己强的不能举荐，相反嫉贤妒能，这个社会哪里会有进步？以制度保护既得利益者，不善而为恶却没有退出机制，不仅会毁掉机制，毁掉事业，久而久之甚至会毁掉社会，毁掉国家民族。热衷于常人所厌恶的那些丑恶的东西，却排斥、打击、毁灭常人普遍认为美好的东西，既是违逆本性，也是对公平正义的伤害，还是对人伦道德的摧毁。循《大学》之道而成就君子，应该具备这种大智慧。恪尽职守，真诚信实，可以获得成功，而骄奢淫逸，迷失自己，最终只有失败。

六、以义为利

生财有大道，生之者众，食之者寡，为之者疾①，用之者舒②，则财恒足矣。仁者以财发身③，不仁者以身发财④。未有上⑤好仁，而下不好义⑥者也；未有好义，其事不终⑦者也；未有府库财⑧非其财者也；孟献子⑨曰："畜马乘⑩，不察于鸡豚⑪；伐冰之家⑫，不畜牛羊；百乘之家⑬，不畜聚敛之臣⑭，与其有聚敛之臣，宁有盗臣⑮。"此谓国不以利为利，以义为利也。长国家而务财用⑯者，必自⑰小人矣。彼为善之⑱，小人之使为国家⑲，菑害⑳并至，虽有善者㉑，亦无如之何㉒矣。此谓国不以利为利，以义为利也。

【注】

①为：管理。疾：快速，高效。②舒：舒缓，慢慢来。③仁者：宅心仁厚者。以：用。发：发展，发福。身：自身。④以身发财：以牺牲自身

来发财。⑤上：上位者。⑥下：下位者。义：正义。⑦终：成功。⑧府库：国库。财：指"以财发身"之财。⑨孟献子：姓仲孙，名蔑，鲁国大夫，以贤能著称。⑩畜：饲养。乘（shèng）：四匹马，春秋时四匹马拉一车称为乘。⑪察：计较。于：对。鸡豚（tún）：借代手法，指养鸡养猪的人家。⑫伐冰之家：大户人家。春秋及后世王都、国都均不在寒带，能够用冰块保存尸体或者用冰块冰冻食物，必定为官宦人家或商贾巨富。⑬百乘之家：拥有一百辆四匹马牵拉的车的家族，一般来说都是拥有封地的诸侯之家。⑭畜：保留。聚敛之臣：负责搜刮财物的家臣。⑮宁：还不如。盗臣：盗取财物的家臣。⑯长（zhǎng）：执掌，管理。务：致力于。财用：财产开支。⑰自：源自。⑱彼：君上。为：以为。善之：小人出于善意为之。⑲小人之使：小人的意图。为：作为。国家：国家意志。⑳菑（zāi）：天灾。害：人祸。㉑虽：即使。善者：贤能者。㉒无如之何：没有办法挽救败局。

【译】

　　财富的积累遵循仁道，产生财富渠道众多，享用财富的人较少，打理财富高效，开支财富舒缓，如此财富始终足够使用。仁爱的人用财富提升身心修养，缺少仁爱的人以牺牲身心道德去谋取财富。没听说上位者喜欢仁义，而下位者不喜欢仁义的；没有热爱正义，而事业不成功的；没有在国库中的财富不是君王或上位者的财富的。鲁国大夫孟献子说："有四马车的家庭，不应该惦记那些养鸡养猪家庭的财富；用冰冷藏食物的巨富和官宦之家，不应该再养牛羊；拥有百辆四马车的家庭，不应该豢养聚敛财富的家臣，与其豢养聚敛财富的家臣，还不如豢养盗取自己财富的家臣。"这叫作国家不以财富为利益，而以道义为利益啊。管理国家的人君专注于搜刮民脂民膏，那必然出自小人的主意。如果人君以为小人也是好心，小人的主意变成了国家意志，天灾人祸会接踵而来，即使有贤能者出现，也不能拯救危局。这就是说，国家不能以财富为利益，而应以道义为利益。

【读】

儒家的财富观，绝不是后世为儒学家所称道的"钱财如粪土，仁义值千金"，而是对财富具有深刻洞见。曾子认为，积累财富必须遵循天道仁道，创造财富的来源可以多元化，享用国家财富的人员越少越好，拿国家工资的人越少越好。先秦子思都认识到了，何以现在的人们没有如此深刻的认知？管理财富需要快捷高效，开支财富需要舒缓。联想到现在的预算财政，叫人哭笑不得。预算财政如果开支不出，来年将取消该项预算，这叫高效管理吗？科研经费以年度预算，但是科研成果能够以年度出成果吗？重大的基础科研，往往五年十年未必能出成果，但是能为人才发展打下坚实的基础，这样的财政预算能够以年度为期限吗？

年度预算管理，年年催命花钱，不计成本，不计后果。遇到经济发展进入相对缓慢时段，就出现巨大的国家债务和地方债务！儒家财富观，值得现代中国人甚至全人类学习和借鉴。

曾子的财富价值观值得传承。仁爱的上位者，懂得财富是用来"发身"的，这个"发身"就是发展身心，发展道德，也就是全面提高人的身心综合素质和能力。修身即是修心，也就是修养道德。在曾子看来，仁爱的人用财富修养身心，赢得民心，与之相反，缺少仁爱的人，是牺牲身心道德去贪污财富。上位者喜欢仁义，下位者往往崇尚正义；崇尚正义，敢于担当，善于担当，则往往事业可以成功。

上下交相争利是任何一个时代都要避免的丑恶行径。曾子借孟献子的话，强调有能力养四匹马的家庭不应觊觎养鸡养猪家庭的那点财富，有能力用冰储藏食物的人家不应该再去惦记养牛养羊的那些家庭的财富，拥有百辆四马车的诸侯之家不应该豢养搜刮民脂民膏的家臣，与其豢养这样的家臣还不如豢养偷盗自己财富的家臣。这个分析，何等深刻啊！

曾子作为孔门弟子，深得孔子儒学精髓。他提出了财富创造理论、财富管理原则、财富使用方法、财富使用价值等，都值得当代人借鉴。对于个人和家庭来说，"财润屋，德润身"，财富可以让房屋华丽，道德却可以滋养生命，提升生命的价值。财富之于君子，目的在于发展身心道德，而不是用来败坏身心道德和牺牲身心道德。这是多么深刻的伦理学洞见啊！可惜，知之者甚少，违之者甚众。曾子在此基础上，基于国家情怀，提出了警策后世的观点："小人"所谓好心替君上搜刮民脂民膏，将会导致天灾人祸一并到来，就算是贤能者再世，也无回天之力。结论更是振聋发聩：国家不能以财富为利益，而应以道义为利益。这个观点错了吗？当然没错。当老百姓家家户户富足了，国家不富足吗？反之，当国库充盈，家家户户赤贫，国家富足吗？对于个人来说，财富只是丰富身心提高道德的资源，扶困是美德，济困是美德，助学是美德。想人民所想，急人民所急，取之于民，用之于民，上位者这样做不仅完善了自己的私德，也帮助了国家，成就了公德，成就了政府诚信和威信。可惜，"五四"运动在打倒孔家店的狂飙突进中，打倒了孔子和孔子儒学，让人们遗忘了孔子儒家，到了是该唤醒记忆的时候，也是该重读和传承的时候。传统儒学精神加现代自由、民主、科学、法治等精神，将是人类最优秀的文明形态。

为什么说道义、正义才是最宝贵的国家财富呢？历朝历代的执政者，最怕陷入的是塔西陀陷阱。塔西陀陷阱源于古代罗马时期历史学家塔西陀所著的《塔西佗历史》。后来就特指一种社会现象，执政者败坏了政治伦理，失去了政府部门或组织的公信力。执政者最需要珍惜的就是政治伦理和政府诚信。国家没有坚守政治伦理，没有国家诚信，国际交往不遵守规则，不尊重正义，不恪守道义，怎么会有真正的盟友呢？对人民不讲诚信，法律前后矛盾，政策先后矛盾，权力不受约束，百姓还会真心拥护这样的政权和政府吗？一旦执政者政治伦理败坏，政府诚信丧失殆尽，政权就处在极度危险之中。陷入塔西佗陷阱的政权，只有两种归宿：一种是不惜代价重建政治伦理，重建政权威信，重建政府诚信，重新获得人民的信任，然后健康发展！一种是自以为是，自我陶醉，自我膨胀，失掉人民，失掉民心，丢掉政权！

从第八章到第十一章共计四章是第三部分。分述亲民而平治天下之道，也就是"外王"之道。儒家智慧由"亲民"而"外王"，进而平治天下的要务是什么呢？

一是有絜矩之道。什么是絜矩之道？就是将心比心之道，就是换位思考之道，就是"己所不欲，勿施于人"之道。要想百姓时兴孝道，上位者必须尊重老人；要想百姓时兴悌道，上位者必须尊重年轻人；要想百姓不背叛政府，上位者必须恤孤养老。"己所不欲，勿施于人。"凡事思前想后，换位思考，很多矛盾是可以消解于无形之中的。身处朱门，就应当常常想想寒门的难处！身处上位，就应当常常想想下位者的艰辛！身处富户，就应当常常想想贫困家庭的困苦！平治天下者，拥有絜矩之道，才知道焦点在何处，矛盾在何处，解决问题的策略在何处。

二是与民同乐。真正优秀的天子、国君、君上等，都能够与民同乐，能够如爱护赤子般爱护人民，以人民的好恶为好恶，而不是逆人民之心而倒行逆施。人民既然是国家的主人，就应该享有主体地位，就应该让人民拥有不受侵害的固定资产；人民渴望公平正义，上位者就应当按照民意制定政策，保障社会的公平正义。上位者的一言一行，都在人民监督之中。倒行逆施，逆天行命，为天下所戮，只是时间问题而已。

三是德本财末。天子有德，国君有德，人民蜂拥而至；人民蜂拥而至，自然要开发土地和创造财富；有了税收，国家就有用度。国君的道德是根本，自己拥有的财富是末梢。国君如果把天下财富当作私有财富而搜刮，人民则因为国君离心离德而散去。相反，若财富蕴藏于人民当中，人民就拥护国君。中国的二十五史已经证明：天子德配上帝，天命就不会那么轻易改变；国策能够赢得人民的拥护，就能维持国家的稳定；国策失掉人民的信任，国家基本上朝不保夕。天子失德，上行下效，国家混乱，人民流离失所，崩溃也是必然的。

四是以仁为宝。仁爱最为宝贵，这是什么价值观？仁爱是人的本性，迷失了这个本性，意味着恶的源头都打开了，万恶将泛滥于人世。为什么仁爱最为宝贵？《康诰》告诫："唯独天命不会永恒。"国家政策好，就可以得到天命；国家政策不好，就失掉天命。处在南蛮之地的楚国国君也认识到："楚国没有什么值得当宝的，仅有行善可以作为国宝。"晋国公子在流亡途中，也强调："流亡中的人没有什么可以当宝的，以厚爱亲人为宝。"以仁爱为宝，最常见的表现为包容：别人有长处我高兴，别人有技术我高兴，别人比我强我高兴，别人成为圣人我也高兴；如果反过来，别人有长处我嫉妒，别人有技艺我嫉妒，别人成为圣人我嫉妒，如此心胸狭隘，如此没有格局，自身且不能保平安，如何能够保障子孙黎民的幸福安康呢？仁爱、慈爱、包容、坦荡，是最宝贵的品质，可以保护自己，也可以保护人民。

五是忠信担当。所谓忠信就是忠诚信实，就是具有实事求是的品质。治国、平天下，不能实事求是，不能忠诚信实，国家将处于危险之中。诚如严复先生所告诫："始于作伪，终于无耻。""忠信"品质，表现在司法上就是扬善惩恶，态度鲜明，立场坚定。对恶人的姑息，就是对善人的惩罚。忠信的品质表现在选人用人上，就是能够公正地爱人，爱而知其恶；能够公正地厌恶人，恶而知其善；能够举荐贤能者，能够让不贤能者避走远方。"忠信"的品质，表现在对人的态度上，就是不能爱好人民所厌恶的，不能憎恨人民所喜爱的，这是拂逆人性的行为；拂逆人性，灾难必然降临在自己身上。

六是以义为利。正义才是国家的最高利益所在。何以正义是国家最高利益？仁者用财富发展自己的身心，不仁者以牺牲身心而谋求财富，这就是正义。上位者好仁而上行下效，上位者好义而政通人和，没有在国库中的财产就不能当作国家的财产，上位者不与民众交相争利，这就是正义。如果国君把利益看得比亲情重要，比诚信重要，比正义重要，那么国家一定处在危险之中。如果国家对内输掉了诚信和威信，人民不再信任国家，人民不再信任政府，那是非常危险的；如果国家对外不支持正气，不支持正义，不支持人类普遍遵守的价值观，在国际上就会被孤立，这也是非常危险的。所谓内忧外患，就是内外失信而后内外交困。

附

录

原本《大学》全本

第一章　大学三纲

大学之道，在明明德，在亲民，在止于至善。

第二章　明德六步

知止而后有定，定而后能静，静而后能安，安而后能虑，虑而后能得。物有本末，事有终始，知所先后，则近道矣。

第三章　亲民八步

古之欲明明德于天下者，先治其国；欲治其国者，先齐其家；欲齐其家者，先修其身；欲修其身者，先正其心；欲正其心者，先诚其意；欲诚其意者，先致其知；致知在格物。物格而后知至，知至而后意诚，意诚而后心正，心正而后身修，身修而后家齐，家齐而后国治，国治而后天下平。自天子以至于庶人，壹是皆以修身为本。其本乱而末治者否矣。其所厚者薄，而其所薄者厚，未之有也！此谓知本，此谓知之至也。

第四章　诚意明德

所谓诚其意者，毋自欺也。如恶恶臭，如好好色，此之谓自谦，故君子必慎其独也。小人闲居为不善，无所不至，见君子而后厌然，掩其不善，而著其善。人之视己，如见其肺肝然，则何益矣？此谓诚于中，形于外，故君子必慎其独也。曾子曰："十目所视，十手所指，其严乎！"富润屋，德润身，心广体胖，故君子必诚其意。

第五章　自修明德

《诗》云："瞻彼淇澳，菉竹猗猗。有斐君子，如切如磋，如琢如磨。瑟兮僴兮！赫兮喧兮，有斐君子，终不可谖兮！""如切如磋"者，道学也；"如琢如磨"者，自修也；"瑟兮僴兮"者，恂栗也；"赫兮喧兮"者，威仪也；"有斐君子，终不可谖兮"者，道盛德至善，民之不能忘也。《诗》云："于戏，前王不忘！"君子贤其贤而亲其亲，小人乐其乐而利其利，此以没世不忘也。

第六章　自明明德

《康诰》曰："克明德。"《大甲》曰："顾諟天之明命。"《帝典》曰："克明峻德。"皆自明也。

第七章　自新明德

汤之《盘铭》曰:"苟日新,日日新,又日新。"《康诰》曰:"作新民。"《诗》云:"周虽旧邦,其命惟新。"是故君子无所不用其极。

第八章　知本——亲民前提

《诗》云:"邦畿千里,惟民所止。"《诗》云:"缗蛮黄鸟,止于丘隅。"子曰:"于止,知其所止,可以人而不如鸟乎?"《诗》云:"穆穆文王,於缉熙敬止。"为人君,止于仁;为人臣,止于敬;为人子,止于孝;为人父,止于慈;与国人交,止于信。子曰:"听讼,吾犹人也,必也使无讼乎!"无情者,不得尽其辞。大畏民志,此谓知本。

第九章　正心——亲民关键

所谓修身在正其心者:身有所忿懥,则不得其正;有所恐惧,则不得其正;有所好乐,则不得其正;有所忧患,则不得其正。心不在焉,视而不见,听而不闻,食而不知其味。此谓修身在正其心。

第十章　齐家——亲民基础

所谓齐其家在修其身者:人之其所亲爱而辟焉,之其所贱恶而辟焉,之其所畏敬而辟焉,之其所哀矜而辟焉,之其所敖惰而辟焉。故好而知其恶,恶而知其美者,天下鲜矣。故谚有之曰:"人莫知其子之恶。莫知其苗之硕。"此谓身不修，不可以齐其家。

第十一章　治国——亲民四策

一、成教于国

所谓治国必先齐其家者，其家不可教而能教人者，无之。故君子不出家而成教于国。

二、孝悌慈爱

孝者，所以事君也；弟者，所以事长也；慈者，所以使众也。《康诰》曰："如保赤子。"心诚求之，虽不中，不远矣。未有学养子而后嫁者也。

三、家国一体

一家仁，一国兴仁；一家让，一国兴让；一人贪戾，一国作乱。其机如此。此谓一言偾事，一人定国。尧舜帅天下以仁，而民从之。桀纣率天下以暴，而民从之。其所令反其所好，而民不从。是故君子有诸己，而后求诸人。无诸己，而后非诸人。所藏乎身不恕，而能喻诸人者，未之有也。故治国在齐其家。

四、齐家为要

《诗》云："桃之夭夭，其叶蓁蓁。之子于归，宜其家人。"宜其家人，而后可以教国人。《诗》云："宜兄宜弟。"宜兄宜弟，而后可以教国人。《诗》云："其仪不忒，正是四国。"其为父子兄弟足法，而后民法之也。此谓治国在齐其家。

第十二章　平治——亲民六要

一、絜矩之道

所谓平天下在治其国者：上老老，而民兴孝；上长长，而民兴弟；上恤孤，而民不倍。是以君子有絜矩之道也。所恶于上，毋以事下；所恶于下，毋以事上；所恶于前，毋以先后；所恶于后，毋以从前；所恶于右，毋以交于左；所恶于左，毋以交于右。此之谓絜矩之道。

二、与民同乐

《诗》云："乐只君子，民之父母。"民之所好好之，民之所恶恶之，此之谓民之父母。诗云："节彼南山，维石岩岩。赫赫师尹，民具尔瞻。"有国者不可以不慎；辟则为天下僇矣。

三、德本财末

《诗》云："殷之未丧师，克配上帝。仪监于殷，峻命不易。"道得众则得国，失众则失国。是故君子先慎乎德。有德此有人，有人此有土，有土此有财，有财此有用。德者，本也；财者，末也。外本内末，争民施夺。是故财聚则民散，财散则民聚。是故言悖而出者，亦悖而入；货悖而入者，亦悖而出。

四、仁以为宝

《康诰》曰："惟命不于常。"道善则得之，不善则失之矣。《楚书》曰："楚国无以为宝，惟善以为宝。"舅犯曰："亡人无以为宝，仁亲以为宝。"《秦誓》曰："若有一介臣，断断兮无他技，其心休休焉，其如有容焉。人之有技，若己有之；人之彦圣，其心好之，不啻若自其口出，寔能容之。以能保我子孙黎民，尚亦有利哉！人之有技，媢嫉以恶之[⑩]；人之彦圣，而违之俾不通，寔不能容。以不能保我子孙黎民，亦曰殆哉！"

五、忠信担当

唯仁人放流之，迸诸四夷，不与同中国。此谓唯仁人为能爱人，能恶人。见贤而不能举，举而不能先，命也；见不善而不能退，退而不能远，过也。好人之所恶，恶人之所好，是谓拂人之性。菑必逮夫身。是故君子有大道，必忠信以得之，骄泰以失之。

六、以义为利

生财有大道，生之者众，食之者寡，为之者疾，用之者舒，则财恒足矣。仁者以财发身，不仁者以身发财。未有上好仁，而下不好义者也；未有好义，其事不终者也；未有府库财非其财者也；孟献子曰："畜马乘，不察于鸡豚；伐冰之家，不畜牛羊；百乘之家，不畜聚敛之臣，与其有聚敛之臣，宁有盗臣。"此谓国不以利为利，以义为利也。长国家而务财用者，必自小人矣。彼为善之，小人之使为国家，菑害并至，虽有善者，亦无如之何矣。此谓国不以利为利，以义为利也。

重新认识心学

一切社会问题皆源于人心！不是这样的吗？雾霾的出现有人说源于烧煤、有人说源于汽车尾气、有人说源于土壤干燥、有人说源于气候干燥、有人说源于农民燃烧黍稷秆等，这些说法表面都对其实全错！源于人心抛弃了天人合一的伦理，源于人抛弃了民胞物与的情怀，源于人抛弃了给宇宙以道德终极关怀的大智慧。这难道不是人心出了问题吗？

很多人急躁到不愿意等待红灯变绿，开豆腐店三天就想着开分店，做酱菜三个月就想着开连锁店，开餐馆三年就谋求上市……这样的人，哪里有心情追求质量，哪里有心思打造品牌。这不是人心出了问题吗？

社会问题本质是心病，心病还得心学医治。自然科学不能解决人心的问题，社会科学也不能解决人心的问题，解决这些问题的责任只能由哲学承担！马克思主义哲学告诉我们量变到质变，冰冻三尺非一日之寒，社会问题积重难返；解决这些问题却只能靠哲学，靠东方哲学和中国传统哲学的最高智慧——心学！

什么是心学？三位心学代表人物北宋程颢没有说，南宋陆九渊没有说，明朝王阳明没有说。三位讲心学的代表人物浙江大学的董平没有说——他侧重讲王阳明先生的传奇人生；南京师范大学的郦波没有说——他侧重讲王阳明创立心学的天赋使命；复旦大学的王德峰也没有说——他侧重比较中国传统哲学与西方哲学的特色，并在比较之中得出了"心学是中国传统儒家哲学的高峰"的洞见，这使我想起了牟宗三先生的话："禅宗不仅是中国人的最高智慧，而且是人类的最高智慧。"愚见：王阳明心学是中国儒家哲学的高峰，惠能禅宗是佛教中国化的高峰。是与不是，对与不对，由时间去检验！

三位心学大师和三位讲心学的大家都没有给心学下定义，不是他们没这个能力，而是他们遵从老子的教诲："道可道，非常道。"道是可以言说的，但是能言说的必然不是永恒的道。但是我今天遵从的是老子另一句教诲："反者道之动！"为了便于大家理解，我必须逆行给心学下定义，也许是当代讲王阳明心学的三位著名学者刻意给我留的作业！

要定义什么是心学，必须先定义什么是心学的"心"。心学的"心"绝对不是 heart，这是生理学意义的心脏，那是血液的供给站；心学的"心"绝对不是 thought 或 idea，这是严密逻辑推理下的各种思想，属于理性智慧的范畴；心学的"心"绝对不是 cerebrum，这只是解剖学上的大脑；新学的"心"绝对不是 mind，这只是思维工具大脑、头脑；心学的"心"也绝对不是 psychology，这是心理学意义上的心理或心理学。——心学的"心"是非逻辑的、非理性的、非生物的、非心理的，在西方哲学世界里，没有对应的词语可以翻译。

心学的"心"是什么？"心"是基于个体生命的人与人、人与社会、人与世界、人与宇宙的生命伦理价值的能动本体。"心学"又是什么呢？"心学"就是研究这种基于生命情感的哲学本体论思想；通俗地讲，"心学"就是安心之学、正心之学。这个能动本体基于生命情感，是开放的动态本体。有了这个认识，再来谈心学，探讨龙场悟道！

心学创立的逻辑和机缘：发端在北宋程颐，成长在南宋陆九渊，成熟在明朝王阳明，创立的机缘甚至就在王阳明所躺的那个石棺里。王阳明以"顿悟"的方式在那座石棺里发现了心学的真谛：心即是理——道在我心，道在人心；真理在我心，真理在人心。但是，心学也不是无本之木、无源之水，其思想渊源远在孔孟儒学。

孔子儒学没有提出心学的概念却早就播下了心学种子。"仁"是什么？仁是果实的最深层处最柔软的部分，充满生机和一切可能。孔子倡导的"仁"是什么？仁是仁爱，是慈悲，是包容，仁是人之为人的根本。"仁"即是"心"，"仁学"即是"心学"。你碰到小草被践踏，心生怜悯，有扶助的心动和行动，起心动念即是行，这就是知行合一。心力有多大，心力有多强，心力能改变自己、民族、国家甚至全人类。这就是心学的力量。《论语》开篇第一章第一句："学而时习之，不亦乐乎？"学习并付诸实践，不是很快乐吗？学习且自觉付诸实践，那才是真正的快乐！——这是中国知行合一哲学的源头！

孟子儒学没有提心学的概念却早就培育了心学萌芽。孟子提出的"四心说"就是宋明心学的萌芽，为宋明心学的创建奠定了思想基础。"恻隐之心，仁之端也；羞恶之心，义之端也；辞让之心，礼之端也；是非之心，智之端也。"其实，孟子思想中心学已经发芽初成，只是没有被人认识和阐释。孟子如何解释"知行合一"的呢？典型就是"今人乍见孺子将入于井，皆有怵惕恻隐之心"的案例：一个小孩将掉到井里，正常人看到了，无须提醒，不假思索，立即援手。这是什么？这是人心中慈悲天性在关键时候表现出的无需提醒的自觉，这就是良知与良能的知行合一。那么敢问为什么很多人这种慈悲之心没了？那是因为心被异化，心被放纵，心被蒙蔽。

民国前夕，湖北黄冈一位陶姓富户，四代同堂，聚族而居。陶老先生经商一辈子，晚年赋闲，含饴弄孙，好不幸福。一天傍晚，一个陌生的身影，来到陶家，轻松上到房梁。族中老少青年都没有注意到这个陌生的身影，唯独陶老先生心静，看得清清楚楚。于是陶老先生召集几个儿子，早吃完饭，早点休息，并交代厨房备酒菜一桌，说是半夜子时之后有客来访。下半夜丑时，陶老先生来到客厅，立于梁柱之下，亲切向藏于房梁之上的"客人"说道："朋友，三个时辰，你该累了吧，孩子们都睡了。你下来，我备薄酌，小饮几杯，岂不快哉！"梁上君子知道陶老先生没有恶意，就从房梁上无声落地，跟随陶老先生来到客厅，一边小酌，一边聊天。原来，"梁上君子"姓周，因为家母病重无钱抓药，走此邪路。陶老先生于是给他十五个银圆，让他医治好母亲。又询问，往后有什么打算？周姓青年回答，想做小本生意，没有本钱。陶老先生于是又给了他二十个银圆。结果是，陶先生一家依然是黄冈县有口皆碑的为富而仁的儒商；中华人民共和国成立前，迁移到香港，后来辗转到新加坡；改革开放初期，还回黄冈探访留在中国的乡亲父老。周姓青年也成为十里八乡的仁义商人，留下了很多扶危济困的传说，在特殊历史时期逃过一劫。——因为心中有慈悲，选择了与慈悲相匹配的做法，结果是传递了慈悲，造福了乡邻，也集福于自己。

这个故事说明一个道理：心中的慈悲决定了生命的张力！慈悲与包容是人类最本源、最重要、最有力的生命情感和道德智慧！——这正是心力的作用，这也是心学研究的范畴！

心学思想的星火代有传承。经汉代司马谈、司马迁以及唐代韩愈等大儒对于悲天悯人精神的传承，直到陆九渊提出"宇宙即是吾心，吾心即是宇宙"、王阳明提出"心即理，心外无理""知行合一致良知"和"大其心"，孔子播下的心学种子，孟子培育的心学萌芽终结硕果。经过北宋程颢的耕耘开启心学花蕾、经过南宋陆象山的滋养绽放心学花朵、经过明代王阳明的顿悟结出的心学硕果标志着中国儒家哲学高峰形成和新儒学诞生！王阳明因此被称为心学的集大成者。心学属于心本伦理哲学，其基本特征：强调本心本性的本体价值，强调知行合一、主客一体、心物一元；此"心"是人心，没有背离原始儒家人本伦理哲学，"心学"传承了原儒的人本情怀、人道主义和人文精神，且恢复了为民之学、为己之学、安心之学的价值取向。因此，陆王心学才是真正意义上的新儒学。

王阳明的"龙场悟道"是中国哲学史上具有划时代意义的标志性事件。正德三年，也就是1508年，王阳明历经无数生死劫难，终于到达了他被贬谪的地方——贵州龙场（即今贵州省修文县龙场镇）任驿丞，即官道上的招待所所长。面对穷山恶水和种种不可预知的厄难，王阳明仍然继续研究"格物致知"疑惑，继续品味"宇宙即是吾心，吾心即是宇宙"境界，仰望星空又观照内心，完成了中国哲学史上具有里程碑式意义的"龙场悟道"，最终创立了"心即理，心外无理""知行合一致良知"及"大其心"的王阳明心学！

何为"阳明心学"？回到"龙场悟道"事情本身，回到心学集大成者王阳明自身，认识心学及其内涵，恐怕恰如一百个读者有一百个哈姆雷特，意趣或许大相径庭。不同的人，对心学的理解往往出入很大。王阳明在龙场悟出了怎样的道呢？我从教育视域做出了选择性解读，王阳明悟出了善恶之道、生死之道、知行之道。

一、善恶之道

王阳明曾两次喝过龙场附近同一个地方的山泉：第一次是悠闲状态，畅饮几瓢，清甜可口；第二次从外面返回龙场驿迷路了，误打误撞，又累又饥又渴，喝了同一个地方的山泉。王阳明觉得第二次味道比第一次更好，喝完山泉，精神一振，疲劳顿消，一口气走回龙场驿。王阳明对此做了深入思考：同样的山泉，为什么饥渴状态下的口感更好？

王阳明得出结论：原本无所谓苦乐，原本无所谓善恶，只有人主观觉得苦才是苦，觉得乐才是乐，觉得善才是善，觉得恶才是恶。王阳明反复对类似饮水这类生活中的平常体验作深入思考，基于实践理性，提出了"无善无恶心之体"的世界观。世间本无善恶或苦乐，不是吗？黄金拿在手里是善是乐，放在肚子里是苦是恶；高山之于旅行者是风景是善是乐，之于急于赶路的人则是苦是恶；水之于人类多数时候是善是乐，尤其是口渴的时候简直是至善至乐，但暴雨成灾的时候是苦是恶！再举一个极端世俗的例子：粪便之于城市市民是苦是恶，但是之于菜农是善是乐，有机肥料培育的蔬菜就连城市市民也觉得是上善之物。

陆象山先生说的"吾心即是宇宙，宇宙即是吾心"和王阳明先生说的"心外无物，心外无事，心外无理"都是真理。世界的任何人、事、物，我们只有通过"心识"去感觉和认知才是有意义的——阳明心学与海德格尔的存在哲学在认知路径上完全一致！心学世界观的启示：如果心里充满阳光，看任何事情，看任何人，你都觉得是温暖的，是明亮的，是充满希望和期待的；如果心里满是凄风苦雨，那么看什么都是阴暗的，吃什么都是苦的，对未来也觉得前途渺茫；如果内心强大，人生尽管充满蹉跌，也依然阻挡不了成功的趋势。——人或许没有办法绝对自由，没有办法选择环境，甚至没有办法选择职业，但可以选择善恶苦乐！我当教师，我选择了快乐和热爱！我当校长，我选择了快乐和热爱！我当局长，我选择了快乐和热爱！这种选择，就是王阳明"有善有恶意之动"的人生观。心学的人生观：我的人生我做主！

人生就是由善恶苦乐的无数选择连缀而成！2003 年，我选择了向内求的生活模式：学习成为工作方法，学习成为生活方式，学习成为生命状态！读书是苦是乐？我选择了乐此不疲。数十年手不释卷，数十年治学不辍，数十年只争朝夕！别人理解我，我在读书！别人不理解我，我在读书！每天夜晚，我在读书！每个双休日，我在读书！每次长假，我在读书！挫折绝对是痛苦的，我却把挫折变成了财富！没有挫折，我不会选择内求，我不会观照内心，我不会与书为伴，我不会结缘心学，自然不会有《论语心读》《大学心读》《中庸心读》《孟子心读》《诗经心读》等问世！自然无缘（也是没有能力）与大家分享自己的学术思想！

二、生死之道

死亡是生命的过程而不是生命的终结。少年王阳明，曾经试图以实证的方法验证朱熹先生的"格物致知"思想是否正确——即研究万物之理从而达到致良知的境界。王阳明想找个具体物质，研究蕴藏其中的"理"，于是面对自家后山的竹子"格物"而七天七夜茶饭不思，结果导致晕厥式的短暂死亡，这种"死而复生"的体验，让王阳明觉悟：死亡并不是生命的终结——当然伴随着另外一个哲学结论：真理应该向内求而不是向外求。

王阳明在龙场，继续以实证的方法论证朱熹先生理学，他曾经把自己放在一个石头做成的棺材里面"格物"，他想探索死亡对于人来说意味着什么，万事万物都由"理"来支配，那么死亡之"理"又是什么呢？这种体验让王阳明再次经历晕厥式死亡，再次体验"死而复生"。这种独特的"死去活来"的生命体验，让王阳明坚信"生死如同昼夜更替"，坚信死亡只是生命的过程而不是生命的终结。

"死亡只是生命的过程而不是生命的终结"的哲学价值到底是什么呢？其价值在于告诉人们，此生活着，必须对生命的永恒负责！生命的永恒应该是最重要的！诚如孔子，谢世2500多年，其思想依然如恒星一般高悬在天空！霍金生前最后一项研究成果：信息是永恒的存在！这是不是意味着一个人以思想传世，他的生命或许以我们暂时未能认知的量子形态实现了永恒？

王阳明的"生死之道"其实是心学的价值观，对后世每一个读懂的人无不产生深远的影响。因为相信生死如昼夜更替，相信死亡只是生命的过程而不是生命的终结，那么追求生命的永恒几乎是必然的选择！如果每个生命都有心学滋养，社会将风清气正！民族将走向复兴！国家将持续进步！

三、知行之道

孔子是"知行合一"的首创者,《论语》开篇之章首句"学而时习之,不亦说乎?"翻译成现代汉语就是:"学习并努力付诸实践,不是很快乐吗?"这就是"知行合一"的哲学起点。孔子的弟子曾子有传承:"传不习乎?"意思是:"我讲授的学术,不是我亲自实践或实证过的吗?"王阳明则是"知行合一"哲学思想的集大成者。王阳明"为善去恶是格物"的方法论集中体现为"知行合一致良知"七个字。王阳明曾经教诲学生:"人须在事上磨炼做功夫,乃有益。"这"事上磨炼"即是在实践中"为善去恶",在实践中"知行合一",在实践中求道提升。我对"知行合一"的教育哲学作了纵向解构,演绎出个人道德品质或人格特征经过"知行合一"的形成过程:植根于心—见之于行—行为自觉。

第一步:植根于心——对某一种先进思想理念,内心深处认同它,这是前提也是力量;所谓心力源于认同,源于信念,源于信仰,源于理想,就是这个意思。如果将"生命因学习而绚丽"这一种理念植根于心,人们就会终身学习,就会在学习中改变命运!

第二步:见之于行——一种思想、价值、理念,付诸实践,才能改变人生,并进一步改变社会。"忠"是先秦儒家非常宝贵的核心智慧,如果认同且见之于行,谁都会敬畏你!"恕"是先秦儒家又一种核心价值,如果认同且见之于行,那就会包容缺点,宽容过失等。于是,赢得了友谊,赢得了朋友,赢得了尊重!

第三步:行为自觉——当一种思想成为你的气质,成为你的素质,成为你的气场,成为你的人格特征,成为你的生命常态的时候,你就达到了"知行合一"的境界。"和"是先秦儒家非常宝贵的核心价值,如果人们认同且见之于行,那就会尊重他人,尊重人格,尊重意志,尊重伦理,尊重习惯;那就会尊重不同,尤其会尊重不同的思想,尊重不同的意见,尊重不同的主张!"和"也是当代最可宝贵的管理智慧!"和"的理念植根于心，见诸之行，且成为行为自觉，那么与人相处，人会觉得如沐春风；管理学校，学校会生机勃发；管理企业，企业会蒸蒸日上。

20年对心学的深度思考，我对"知行合一"的"知"，也就是"智慧"做了横向的"解构"，人类的"知"（智慧）分四类——这是我对阳明心学"大其心"的创造性解读。

一是天性之知。慈爱、包容、善良、孝悌等都属于先天之知，也就是王阳明讲"知行合一"时强调的先天"良知"，有了良知，自然有与之相匹配的自觉行动。家庭教育、学校教育、社会教育，很重要的职责就是要守护先天赋予人类的良知，如果连慈爱、包容、孝悌、自由等天赋良知都被物质欲望冲垮、冲走、冲掉，那么人类社会将进入自毁机制！

二是理性之知。陆王心学都强调"心即理"，真理就在我心，这一点仿佛惠能禅师的"见性成佛"，佛就在每个人的内心。但是心学创立之后，没有一个人对王阳明另一个重要的观点"大其心"做出合理的解释。所谓"大其心"就是读书、实践、研究等认知行为的总称。先天智慧在心中，但是这个心有一个逐步扩大的过程。就像王阳明，幼时读圣贤书，少年闯荡江湖，青年饱读兵书，如果没有这种"大其心"的阅读、实践、研究，仅仅依靠内心原有的天赋智慧，根本不可能用五万地方部队战胜宁王朱宸濠的二十余万皇家正规军。很多学者对于陆王心学望而止步，就是因为忽视了"大其心"的读书、实践、研究的终身认知或终身知行合一的哲学思想。人终身求道的过程，就是"大其心"的过程，即扩大人作为特殊存在者对他人、对世界、对宇宙、对真理的感觉、知觉、认知的过程。就是在天赋良知之外，还需要充实内心的理性智慧、智行智慧、感性智慧。

理性智慧也就是人类社会沉淀并达成共识的价值标准，儒家传统的"忠恕"和"自强不息""和而不同"等精神，都是族群在社会实践中沉淀出的共同价值标准。比如"忠"是儒家传统价值观，也是中华民族的传统美德，属于后天沉淀的共同价值标准，基本含义是"恪尽职守"，如果认同，如果实践，如果坚守，那么无论你走到哪里，无论你在什么岗位，都是一个受欢迎的人！比如"恕"，就是宽容，就是宽恕，就是包容，如果认同，如果实践，如果坚守，那么也许会因为宽恕而化敌为友，因为宽容别人而解放自己，因为包容而形成更为强大的聚合力和凝聚力，人生会因此而充满阳光！又比如"自强不息"属于后天沉淀的"理性之智"，如果认同，如果实践，如果坚守，人生精彩就是大概率事件！

三是智性之知。科学、技术、技能、技巧等都属于智性之知，"知行合一"是最高效的学习方法。如果学生实践能力差，实验能力弱，也就是在追求"智性之知"的过程中，背离了"知行合一"的哲学智慧。"知行合一"既是伦理哲学，也是教育哲学。这一哲学智慧，被 20 世纪北美心理学家埃德加·戴尔发现并被证实——按照埃德加·戴尔的学习金字塔理论，学会了知识并讲给别人听是最高效率的学习，也就是"知行合一"的学习模式。

20 世纪 40 年代，北美学者埃德加·戴尔以统计学方法得出结论：讲授教学，24 小时后知识保存率仅有 5%；阅读教学，24 小时后知识保存率仅有 10%；视听教学，24 小时后知识保存率仅有 20%；示范教学，24 小时后知识保存率仅有 30%；小组讨论学习，24 小时后知识保存率有 50%；实践学习，24 小时后知识保存率达到 75%；学会了知识并讲给别人听或者学会了立即付诸应用（孔子"学而时习之"的方法），24 小时后知道保存率达到 90%。这个比例自上而下，正好构成了一个学习效率的"金字塔"，被称为学习金字塔理论。北美心理实验室，对埃德加·戴尔提出的"学习金字塔理论"提供的这一组数据，进行了扩大样本再实验，证明理论的科学性，得出两周以后学习的巩固率与上述数据也基本吻合。所有看懂这个理论的教师，应该知道教育教学改革的方向在哪里；所有看懂这个理论的家长，应该知道孩子努力的方向在哪里；所有看懂这个理论的学子，应该知道改变自己命运的秘诀在哪里！

42 年前，我的学习行为契合了"知行合一"，让我走出小村。那时，我就读黄冈地区新洲县毕铺初级中学，有幸碰到陶崇德先生教物理和化学两门课，陶先生书法一流，态度温和，语言风趣，教学严谨，我等一众学生都成了他的忠实粉丝，以至于我课后就模仿他的教学，把他当日的物理课或化学课从头到尾讲给自己听，一遍两遍三遍，每天如此，一直坚持到毕业。学会了一般可以讲给别人听，但是我生性比较腼腆，不好意思在同学面前开口，只好"学会了讲给自己听"，这无意中契合了中国传统"知行合一"的哲学理念和"学习金字塔理论"的最高效率的学习方法，结果是物理、化学两个学科满分是常态，扣一两分是例外。

我初中二、三年级的数学均由姜焕利老师教导。姜先生两年没有带过一张纸进教室。所有的例题，所有的课堂练习，所有的课后练习都在他的脑海里，所有的演算和演绎都在他的脑袋里！偶尔，我拿全国数学竞赛的试题请教姜老师——其实那时那刻往往是想考考姜老师，没想到他乌黑的眼睛闪烁几下，就能直接在黑板上演示解题过程。我对他也佩服得五体投地！他强大的专业磁场征服了我，我自然也成了他的"铁粉"，于是每天傍晚时分，我在操场散步，手舞足蹈，把他的数学课堂教学全过程讲给自己听，自得其乐。后来，把《许纯方平面几何》中的一道道例题、习题讲给自己听；再后来，把青年自学丛书"数学"中的初中代数、几何例题和习题讲给自己听。每天傍晚如是，奇迹随之出现，我的数学开始不断获得高分甚至满分。

研究王阳明心学，我发现自己初中的数学学习，契合了"知行合一"的教育哲学。西方的现代学习金字塔底部的学会了讲给别人听或学会了即付诸实践的高效率学习方法，其实就是"知行合一"的学习方法。——这种智慧，让我能够一个学期把最差的平行班教成全区最好的，一年时间把最差的初中办成全区最好的，两年时间把崩溃的民办学校办成岭南明珠，三年时间创办一所新校，四年时间让教学质量中等区对传统强区实现颠覆性超越，秘诀主要就藏在知行合一的心学智慧里。心学不仅是中国伦理哲学的高点，也是中国教育哲学的巅峰！对此，我深信不疑！

四是感性之知。感性智慧也可以叫做审美智慧或艺术智慧。感性智慧只有"知行合一"，才能融入灵魂，才能融入生命，才能改变灵魂，才能提升生命。艺术教育遵循"知行合一"，才能创造教育的奇迹！20年前，我带着刚刚从广州市竞赛中脱颖而出的交响乐团，访问澳大利亚悉尼和墨尔本的5所中学。作为团长，我知道，交流分为三场：第一场，双方演奏事先指定的曲目：《命运》《蓝色多瑙河》《春江花月夜》等，我方交响乐团完胜。第二场：演奏对方临时指定的曲目，具体曲名我已经不记得了，我方指定给对方的有《黄河大合唱》，这一场我们输了。其实演奏尚未开始，我从双方乐团成员的目光、气色、气场就可以判断，我方会输掉，结果不出所料。第三场：临时演奏抽签抽中的美国名曲。出于东道主的礼节，澳方让我从美国当代乐曲中抽，我抽中了《美丽的亚美利加》，从配器开始我方就明显逊色，演奏自然不尽如人意！

这一次交响乐团的演出交流，让我深受刺激和震撼，我展开了对所有访问学校的深度访谈。我问悉尼一位中学校长，为什么他们对音乐、美术这些学科的重视丝毫不亚于英语、数学等？那位我已经记不得名字的校长告诉我："为了教育。我们常常见到钢琴王子、提琴公主，但是真的见不到钢琴流氓、提琴流氓！"这个回答让我沉思！我们数十年长期边缘化的学科，他们却如此高度重视。我深度访问他们各种社团，更是震撼，社团中的每一个人参加社团都是为了兴趣和快乐，没有一个人是为了考试、升学、就业。回想三场对抗性交响乐交流，澳方5所中学的团员（非对抗性的演出不算在其中），他们是何等从容、自信、阳光，相比之下，我方的团员明显拘谨、沉重、严肃！我也深思，是什么机缘，让我们丢掉了孔子作为人类最伟大的教育家开创的"乐教"传统！

十多个夜晚，数千公里外的异乡，我一直在思考这种带有对抗性的艺术交流胜败的奥秘：我们的音乐社团活动是训练，训练的目标是技能技巧，最终的目标不过是使音乐成为那一块升学、就业的敲门砖；他们的音乐社团活动是教育，教育的目标是浸润灵魂和滋养生命，音乐是学生一生的兴趣所在，是灵魂净化和归依，是生命品质的升华和凝华！

我想告诉大家，我用一年时间暗合"知行合一"教育哲学，用艺术朗读改变命运的故事。艺术朗读改变命运，应该属于感性智慧知行合一的范畴。1983 年 9 月，我的中师生涯进入最后一个年头，而我的语文成绩依然很差，更糟糕的是普通话不达标。而我们学校是中国第一批普通话达标试点学校，我是必须通过这个达标测试的对象。语文教师颜素珍先生突发奇想，安排全校普通话讲得最好的播音员吕泽文同学做我的同桌。吕泽文同学想尽办法，辅导我的语文，都以失败告终。有一天早读，任务是朗读朱自清先生的《荷塘月色》———一篇老师越讲我越迷糊的文章。但这篇文章一经吕泽文同学朗读，仿佛清泉流入心田，让我瞬间觉得纯美清甜。我听懂了缥缈和游移，听懂了孤独和忧伤，听懂了眷恋和迷茫等。在这种唯美的朗读面前，我醉了，我于是请求吕泽文同学指导我朗读。

吕泽文同学首先把我的第五、第六册《文选与写作》中的全部课文注上拼音，在她的帮助下，我开始朗读这些课文。赫然发现，教材中那些老师如何讲我都不怎么清楚的文章，我渐渐都懂了，每一次的感觉都不一样，每一次都有新的体验，这恰如王阳明心学的"立时明白"，也如惠能禅师的"顿悟"。唯美的朗读，让我把一切都熔铸到灵魂！我现在才知道，这种浸润心灵的唯美朗读，就是一种"知行合一"的朗读。按照王阳明的说法"起心动念即是行"，融入生命浸润灵魂的朗读当然是一种高层次的知行合一！就是这种"知行合一"的艺术朗读，让我几个月无意识背诵了《文选与写作》的全部重点篇目。1995 年我在广州上公开课从来不带教材的秘密，就是这些课文我早就烂熟于心！

无书可读的时候，我写信给父亲，汇报了我学会朗读的机缘、成绩和感受，并请教父亲我下一步的艺术朗读内容。父亲对我的艺术朗读行为也大为赞赏："你终于找到学习语文的门径了。那就读在箱子底下用牛皮纸包着的那本书。"我撕开牛皮纸，才知道是《古文观止》，于是开始用吕泽文同学教我的方式朗读。当我读《陈情表》时，我就是李密，我于是懂得了我的父亲喜欢读《陈情表》的原因，他是在以这种朗读，怀念他的母亲也就是我的祖母；当我读《出师表》的时候，我就是诸葛亮，我真切震撼于一位老臣鞠躬尽瘁死而后已的耿耿忠心；当我读《岳阳楼记》的时候，我就是范仲淹，"不以物喜，不以己悲"就是我的情怀，"先天下之忧而忧，后天下之乐而乐"就是我的理想；当我读《陋室铭》的时候，我就是刘禹锡，那种长期生活在俭朴生活中，给生活做减法的态度也就是我的人生态度，数十年不尚奢华的本性当然有《陋室铭》的痕迹……一百多个日日夜夜，我有空就诵读《古文观止》，一边诵读一边与古人交流，一边与古圣先贤同频共振，他们的思想，他们的情怀，他们的情操，他们的理想，他们的信仰如空气一般在我的身心弥漫，滋养我的心灵，让我的内心不断充盈充实。得益于这种"知行合一"的朗读，这种全人格的朗读，一年之内我不仅学好了普通话，还做到语文成绩名列前茅，作文水平出类拔萃，演讲能力一鸣惊人！最终，我选择语文教学作为职业，这种"知行合一"的朗读，也为我参加工作后建立"以读为主线"的教学模式提供了实践基础！这种知行合一的朗读，奠定了我数十年如一日手不释卷的阅读基本功，对我研究优秀传统文化也有深度影响！

　　我"顿悟"出的这种作者、作品、我"三位一体"的艺术朗读模式，其实就是心学的"知行合一"；"知行合一"学习模式，让我长期坚持深度反思中国传统教育。中国传统教育最值得传承的教育方法，就是吟诵、朗诵、背诵，运用之妙，存乎一心。只要指导得当，让学生用心读，全心读，全人格读，学生就能进入"知行合一"学习模式，教育就成功了！1912 年之前，中国几乎没有高等教育，也几乎没有现代意义上的中小学、幼儿园。然而，就是在私塾吟诵、朗诵、背诵儒家经典著作，造就了严复、康有为、梁启超、王国维、陈寅恪、赵元任、黄侃、鲁迅等灿若星河的哲学大师、文学大师、史学大师、国学大师等。"知行合一"的吟诵、朗诵、背诵，是中国传统教育最有效的学习方法，今天的中国尤其需要传承这种基于心学的高效率的学习方法。20世纪最伟大的哲学家海德格尔说："语言是人类的精神家园。语言的边界就是思想的边界。"的确，离开了语言，人类与动物很难有区别。虽然人类有"心"，但是"心"必须通过语言去感知、认知、研究这个世界！足见语言学习之于教育、之于人类是何等重要！我也衷心期待，有缘阅读到这篇文章的家长，选择与孩子一起吟诵、朗诵、背诵中国优秀的诗词歌赋，用一种"知行合一"的阅读方式浸润灵魂和滋养生命！我也衷心期待，阅读到这篇文章的教育工作者，不遗余力恢复和推广中国传统教育中最古老、最古朴、最古拙的吟诵、朗读、背诵教育法，去阅读古今中外的经典作品，以滋养当代学子的生命和灵魂！

心学，应该回到现实，应该回到教育。善恶之道——让我们深度领会心学"无善无恶心之体"的世界观和"有善有恶意之动"的人生观，让我们明白人生就是由不断的善恶选择构成的！我的人生我做主！每个人都是自己人生的主角，人生精彩与否取决于自己的人心和选择！生死之道——也就是王阳明说的："生死如昼夜更替。"让我们深度领会"知善知恶是良知"的价值观：活在当下，只争朝夕。为人一世，不可以放下对自己的责任，对家人的责任，对家族的责任，对社会的责任，对国家的责任，对人类的责任！用心学点亮自己的心灯，自觉追求生命的永恒！知行之道——让我们深度理解王阳明"为善去恶是格物"的方法论！"知行合一"的人生必然无怨无悔！忠恕融入生命并成为自觉，仁爱融入生命成为自觉、自强不息融入生命成为自觉、勤劳简朴融入生命成为自觉……使之成为生命常态，成为人格特征，成为气质气场，人生会精彩，家族会兴旺，事业会辉煌，民族会强大！"知行合一"，既是伦理哲学，更是教育哲学！从教育视域，重新认识"知行合一"的心学思想，似乎很多教育的顽症和沉疴就有了救赎的良药！

二十年仰望繁星，二十年观照内心。融学术入生活，融学术入工作，融学术入生命！对生活，对人生，对世俗，对世界，对宇宙，尤其是对教育有自己独特的思考！社会万象皆由心生，个人诸像也由心生。无论是解决个人问题还是解决社会问题，都需要心学回到现实，回到教育，回到人心。心病不是生理病，不是心理病，不可以用自然科学医治，也不可以用社会科学医治，只能用"心学"医治！

面对人类社会"心病"，两千五百年前孔子开出了药方："求仁得仁。""我欲仁斯仁至矣。"每个中国公民心中有仁，心有慈悲，心有慈爱，心有博爱，社会应该非常美好！孟子给心病开出了良药："学问之道，求其放心而已矣。"学问的最高境界就是将放任、放浪、放纵、放弃的心收回，回归正位，回归本心，回归本性。当代社会之病既然根源在人心，舍此，我们还有别的办法吗？王阳明对人类"心病"开出了药方："心即理""知行合一致良知""大其心"，阳明心学的三昧药，治疗中国教育的沉疴，可谓对症下药。"心即理"的心学思想，告诫当代中国教育工作者，教育的本质是精神活动，是对灵魂的浸润和对生命的滋养，而不应仅停留在技术技能技巧的训练上。"知行合一致良知"的心学思想，提醒当代中国教育工作者，违背"知行合一"的教育哲学，中国教育将永远停留在"理论与实践相结合"的层面，而达不到将先天智慧、理性智慧、智性智慧、感性智慧融入灵魂，让智慧成为生命常态和人格特征的层面。

撰写此文，意在为心学的重新回归和流布鼓与呼！意在为中国教育深度改革鼓与呼！意在为中华民族的伟大复兴鼓与呼！

参考文献

［1］谭继和，祁和晖．十三经恒解（笺解本）：卷之一［M］．成都：巴蜀书社，2016．

［2］朱熹．四书章句集注［M］．长沙：岳麓书社，2008．

［3］蒋伯潜．四书广解［M］．香港：城邦（香港）出版集团有限公司，2011．

［4］杨晓明．四书五经·现代版：上卷［M］．成都：巴蜀书社，1999．

［5］陈生玺．张居正讲评《孟子》［M］．上海：上海辞书出版社，2007．

［6］王文锦．大学中庸译注［M］．北京：中华书局，2008．

［7］道纪居士．大学全编［M］．北京：海潮出版社，2016．

［8］曾参．大学全鉴［M］．东篱子，解译．北京：中国纺织出版社，2012．

［9］王京涛．辜鸿铭英译经典：《大学》《中庸》（中英双语评述本）［M］．北京：中华书局，2017．

［10］爱新觉罗·毓鋆．毓老师讲《大学》［M］．林世奇，笔记/整理．台南：奉元出版事业股份有限公司，2015．

［11］贾庆超．四书精华解读［M］．济南：齐鲁书社，2009．

［12］南怀瑾．原本大学微言［M］．北京：东方出版社，2015．